INES VON WITZLEBEN / ALJOSCHA A. SCHWARZ

Endlich frei von Angst

- Denkmuster erkennen
- Aktiv trainieren
- Selbstvertrauen gewinnen

Inhalt

Wie Sie die Angst besiegen

1
2
3
4
5
6

Wenn Selbsthilfe nicht reicht

»Knigge« für den Umgang mit Angstopfern

Zum Nachschlagen

Vorwort

Sie leiden unter Angst und wissen nicht, wie Sie sie loswerden sollen? Mit Willenskraft allein geht es nicht. Das haben Sie sicherlich schon gemerkt.

Die gute Nachricht: Ihre Angst ist kein Schicksal, mit dem Sie sich abfinden müssen. Sie sind auch nicht »verrückt«. Sie können – und wir sind überzeugt: Sie werden! – Ihre Angst besiegen.

Dieses Buch wird Sie bei der Hand nehmen und Ihnen den Weg aus der Angst weisen. Atmen Sie noch einmal tief durch und folgen Sie uns. Denn am Ende des Weges liegt Ihr Leben – frei von Angst und mit allen Möglichkeiten, die in Ihnen sind.

Ines von Witzleben
Aljoscha A. Schwarz

1 Angst – was ist das?

→ Angst ist ein menschliches Urgefühl, das dazu dient, das Überleben zu sichern. Doch wenn die Angst die Kontrolle über Ihr Leben übernimmt und Sie einschränkt, wird sie zur Krankheit. In diesem Kapitel erfahren Sie, welchen Sinn Angst haben kann, dass Sie sich Ihrer Angst weder schämen noch sie verstecken müssen – und warum Sie sich auf keinen Fall mit ihr abfinden sollten.

Jeder Mensch hat Angst

Angst gehört zu den grundlegenden Gefühlen, wie Liebe, Wut oder Traurigkeit. Und wie alle Gefühle, so hat auch die Angst einen biologischen Sinn. Sie taucht meist dann auf, wenn wir uns in Situationen befinden, die neu und ungewohnt sind – und die wir als gefährlich oder unkontrollierbar einschätzen.

Angst kann man in sich immer finden.
Man muss nur **tief** genug suchen.

[André Malraux | *französischer Minister und Romancier*]

Einige wenige Dinge lösen immer Angst aus. So zum Beispiel das Gefühl des Fallens und plötzliche laute Geräusche oder Objekte, die mit großer Geschwindigkeit auf uns zukommen. Als die Brüder Lumière 1895 einen der ersten Kurzfilme vorführten, bei dem ein Zug genau auf die Kamera zufuhr, gerieten viele der Zuschauer in Panik – obwohl sie genau wussten, dass sie eigentlich nur bewegte Bilder sahen. Wir sind heute aus dem Kino viel extremere und realistischere Szenen gewohnt und genießen sogar das Kribbeln im Bauch, das sie verursachen. Wir haben gelernt, mit dieser Angst umzugehen. Und das können wir bei allen Ängsten lernen.

Vielleicht ist ein Teil Ihrer Angst die Befürchtung, nicht normal zu sein. Manche Menschen, die unter Ängsten leiden, verstecken sich oder zumindest ihre Angst, sprechen mit niemandem darüber und schämen sich dafür. Mitunter glauben sie sogar, dass sie ganz allein dastehen. Tatsächlich sind Ängste aber das häufigste psychische Problem.

1998 wurde vom deutschen Gesundheitsministerium eine Untersuchung in Auftrag gegeben. Das erstaunliche Ergebnis: 14,2 Prozent aller Deutschen (jeder Siebte!) zwischen 18 und 65 Jahren leiden unter Ängsten. Und zwar nicht unter kleinen Alltagsängsten, sondern unter stärkeren, klinisch relevanten Ängsten. Sie haben also mehr Leidensgenossen, als Sie bisher dachten. Das nimmt Ihnen hoffentlich die Sorge, dass Sie allein sind.

Alles kann Angst machen

Die Angst vor Höhe kennt jeder. Auch vor dem Tod fürchten sich die meisten Menschen. Und auch die Angst vor dem Altwerden nimmt aufgrund des heutigen Jugendwahns immer mehr zu.

Doch was ist mit der Angst vor Mäusen, vor Spinnen, vor Krankheitskeimen, vor öffentlichen Plätzen, vor Menschen, vor dem Fliegen, vor der Fahrt mit der U-Bahn oder dem Auto, vor Staub oder Sonnenlicht? Sie ist nicht so leicht nachvollziehbar und doch genauso real und belastend.

Angst ist nicht »verrückt«

Menschen, die Angst haben, glauben oft selbst nicht wirklich, dass diese »vernünftig« ist. Manchmal wissen sie sogar, dass sie sich »grundlos« fürchten. Das hilft ihnen aber auch nicht weiter. Ganz im Gegenteil: Wenn ihnen klar ist, dass ihre Angst »unlogisch« ist, und ihre Mitmenschen ihnen das auch immer wieder bestätigen, belastet sie das noch mehr.

FALLGESCHICHTE

Karin H. (22) – Studentin

Karin hat Angst vor Spinnen. Vor allem vor den Weberknechten, denen mit den langen Beinen. »Ich weiß genau, dass die nicht gefährlich sind. Nur um ganz sicherzugehen, habe ich sogar im Lexikon nachgesehen. Meine Eltern und meine Freunde können das überhaupt nicht verstehen und sagen, dass ich spinne. Aber trotzdem gerate ich jedes Mal total in Panik, wenn ich eines von den Viechern nur sehe. Ich weiß mir langsam nicht mehr zu helfen. Bin ich verrückt?«

Karin ist natürlich nicht verrückt. Wenn wir genau hinsehen, können wir feststellen, dass jeder Mensch auch »unvernünftige« Ängste hat. Jeder Mensch fürchtet sich, wenn er an einem 100 Meter tiefen Abgrund steht – selbst dann, wenn er mit Seilen gesichert ist, die sogar einen Elefanten tragen könnten. Und das ist letztlich kein bisschen weniger irrational als Karins Angst vor völlig harmlosen (und sogar nützlichen) Spinnen.

Angst kann sinnvoll sein

Auch wenn Sie Ihre Angst unbedingt loswerden wollen: Angst an sich ist ganz und gar kein nutzloses Gefühl. Die Angstreaktion hat sich im Laufe der Evolution entwickelt, um Gefahren besser begegnen zu können. Stellen Sie sich einen Höhlenmenschen vor, der einem Säbelzahntiger gegenübersteht. Was ist in dieser Gefahrensituation für ihn überlebenswichtig? Er muss entscheiden ob er weglaufen, kämpfen oder ganz ruhig bleiben soll.

Nun ist aber unser Höhlenmensch nicht besonders schlau und hat vor allem auch gar keine Zeit, lange zu überlegen. Er muss blitzschnell reagieren. Außerdem wäre es in dieser Lage gut, wenn er mehr Energie und Kraft hätte.

Bei all dem hilft ihm die Angstreaktion: Sein Herz schlägt schneller, sein Blutdruck steigt, seine Atmung beschleunigt sich, seine Muskeln werden stärker durchblutet und seine Muskelspannung erhöht sich – ohne dass er darüber nachdenken muss. Er ist bereit für Kampf oder Flucht. Möglicherweise lähmt ihn die Angstreaktion auch: Selbst das ist sinnvoll, wenn Flucht oder Kampf aussichtslos sind. Dann hat er immer noch die Chance, von dem Raubtier übersehen zu werden oder es zu täuschen.

Wir müssen aber nicht in die ferne Vergangenheit reisen, um festzustellen, dass Angst wichtig für uns ist. Immer dann, wenn wir uns in Situationen befinden, die Gefahren bergen, können uns unsere natürlichen Alarmreaktionen helfen. Stellen Sie sich vor, Sie gehen im Winter auf einem zugefrorenen See spazieren. Das Eis knackt. In Ihrem Körper läuft sofort die Angstreaktion ab: Sie werden automatisch vorsichtiger und können schneller reagieren. Auch beim Autofahren ist es überaus sinnvoll, wenn wir in Gefahrensituationen schnell und konzentriert handeln können. Angst macht wacher und zielsicherer.

Ein kleines bisschen Angst ist immer auch dann hilfreich, wenn es darum geht, Leistung zu zeigen – in der Schule, im Beruf oder im Sport. Sie hilft, sich besser motivieren und konzentrieren zu können, körperlich kurzfristig mehr zu leisten, wachsamer und zielgerichteter zu handeln.

Ihre Angst dagegen behindert Sie in Ihrem täglichen Leben. Sie wünschen sich, keine Angst mehr zu haben. Und doch kennen auch Sie bestimmt Situationen, in denen ein gewisses Maß an Angst den Genuss steigert. Zum Beispiel bei Sportarten, die mit Nervenkitzel und ein wenig Gefahr verbunden sind, bei einer Fahrt in der Achterbahn oder beim Schauen eines spannenden Gruselfilms.

Angst ist natürlich aber...

So natürlich Angst auch ist: Eine Angst, die Sie quält und einen Schatten auf Ihr Leben wirft, ist selbstverständlich nicht mehr in Ordnung. Sie hilft Ihnen gerade nicht, besser und erfolgreicher zu sein, gezielt und konzentriert zu handeln. Ganz im Gegenteil: Sie belastet Sie, ist lästig, unangenehm und hält Sie davon ab, Ihr Leben so zu genießen, wie Sie es gerne möchten.

FALLGESCHICHTE

Anna M. (34) – Journalistin

»Meinen ersten Angstanfall hatte ich in der U-Bahn. Im Zug war es stickig und ziemlich überfüllt. Plötzlich wurde mir heiß und kalt auf einmal. Ich fing an zu schwitzen und ich spürte mein Herz rasen. Ich dachte: ›Oh Gott, was ist das?‹ Ich merkte, dass ich schneller atmete. Mir wurde schwindelig. Ich dachte, dass ich gleich umfallen und sterben würde. Als die Türen endlich aufgingen, sprang ich auf und stürzte voller Panik aus der Tür. ›Gerade noch einmal davon gekommen!‹, dachte ich. Seither fängt mein Herz an zu klopfen, wenn ich nur daran denke, in die U-Bahn steigen zu müssen.«

Trotzdem ist es wichtig zu wissen: Auch Ihrer Angst liegt eine ganz natürliche Reaktion zugrunde – nur eben übersteigert und Ihrem Leben nicht angemessen. Sie leiden darunter, dass Sie Angst in Situationen haben, in denen sie eher ein Nachteil ist. Wie ist es dazu gekommen?

Die drei Ebenen der Angst

Vielleicht erkennen Sie im Beispiel von Anna M. (→ Seite 11) Teile Ihrer eigenen Angst wieder. Das ist kein Wunder, denn Angst hat immer drei Ebenen. Sie spielt sich im Körper, im Kopf und im Verhalten ab.

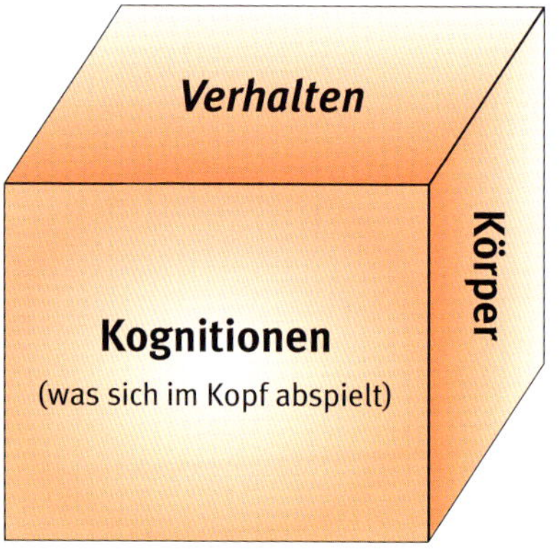

Die drei Ebenen der Angst – Körper, Kognitionen und Verhalten.

Was bei Menschen mit Angststörungen passiert

Die drei Ebenen Körper, Kognitionen und Verhalten gibt es natürlich nicht nur bei Angst, sondern bei allem, was wir tun. Aber irgendetwas läuft bei Ihnen ja anders ab als bei Menschen, die dort wo Sie Angst haben, völlig unbeschwert sind. Auch das geschieht wiederum auf den drei Ebenen.

1

→ **DIE KÖRPERLICHE EBENE:** Bei Angst läuft in Ihrem Körper eine Alarmreaktion ab. Die körperlichen Empfindungen sind jedoch völlig ungefährlich. Es treten ja auch bei Gefühlen wie Wut, Trauer, Freude oder sexueller Erregung körperliche Veränderungen auf. Doch nur den Menschen, die unter einer Angststörung leiden, erscheinen diese Veränderungen negativ und bedrohlich.

Überlegen Sie: Was geschieht bei Ihnen auf körperlicher Ebene, wenn Sie Angst haben?

→ **DIE KOGNITIVE EBENE:** Die so genannten »Kognitionen« sind Ihre Gedanken, Einstellungen, Vorstellungen und Bewertungen. Menschen mit Angststörungen richten ihre Aufmerksamkeit besonders stark auf mögliche beziehungsweise vorgestellte Gefahren. Durch »Übung« entsteht allmählich ein eingefahrenes »Angstdenken«, das dann automatisch abläuft. Schon der erste Gedanke an die vorgestellte Situation löst dann sofort die Angstreaktion aus.

Überlegen Sie: Welche Gedanken und Vorstellungen tauchen bei Ihnen in der Regel auf, bevor und während Sie Angst haben?

→ **DIE VERHALTENSEBENE:** Angst führt dazu, dass Sie sich anders verhalten. Sie versuchen zu fliehen oder zu kämpfen. Wenn sie sehr stark ist, werden Sie vielleicht wie gelähmt sein und das Gefühl haben, nicht mehr handeln zu können. Auch das ist ein Einfluss der Angst auf Ihr gewöhnliches Verhalten.

Überlegen Sie: Wie reagieren Sie gewöhnlich, wenn Sie Angst haben?

Angst hat viele Ursachen

Wahrscheinlich haben Sie sich schon Gedanken darüber gemacht, woher Ihre Angst kommt. Hier wollen wir nur einmal festhalten, dass es nicht so einfach ist, wie manche Menschen es sich vorstellen. Angst ist nicht nur angeboren, nicht nur Erziehung, nicht nur die Umstände, nicht nur die Gesellschaft, nicht nur im Kopf. Angst setzt sich wie ein Mosaik aus verschiedenen Bausteinen zusammen, die Sie im nächsten Kapitel genauer kennen lernen werden (→ Seite 25 f.).

Die Folgen von Ängsten

Manche Menschen empfinden ihre Angst »nur« als lästig, aber viele werden von ihr in ihrem täglichen Leben eingeschränkt. Und einige sind sogar so stark betroffen, dass sie ihr gesamtes Leben umstellen, um der Angst auslösenden Situation irgendwie aus dem Weg zu gehen. Ganz gleich jedoch, wie stark Ihre Angst ausgeprägt ist, gibt es viele Gründe, warum Sie etwas dagegen unternehmen sollten:

→ **ANGST VERRINGERT DIE LEBENSFREUDE.** Das ist wohl das Offensichtlichste. Wenn Sie nicht mehr in bestimmte Situationen gehen können oder alltägliche Dinge vermeiden müssen, leiden mit der Zeit auch Ihre sozialen Kontakte – einer der wichtigsten Faktoren für Lebensfreude. Und fast ein Drittel aller Menschen mit schweren Ängsten entwickelt im Laufe der Zeit sogar eine Depression!

→ **ANGST SCHADET DER GESUNDHEIT.** Die meisten Dinge, vor denen sich Menschen mit einer Angststörung fürchten, sind ungefährlich: Das Herzklopfen kündigt keinen Herzinfarkt an; die Atemnot

AUF EINEN BLICK

Ängste: Vorurteile und Tatsachen

Vorurteil	Tatsache
Die Ursachen für Ängste liegen immer in der frühen Kindheit.	Ängste können in jeder Phase des Lebens entstehen.
Mit genug Willenskraft kann man jede Angst besiegen.	Willenskraft allein reicht nicht. »Augen zu und durch« ist eine Vermeidungsstrategie!
Irrationale Angst ist ein Zeichen für Geisteskrankheit.	Angst ist ein normales Gefühl. Jeder Mensch kann eine Angststörung entwickeln.
Wenn man weiß, warum man Angst hat, verschwindet sie.	Kaum ein Gefühl verändert sich dadurch, dass man weiß, woher es kommt – auch Angst nicht.
Menschen mit Ängsten sind im Allgemeinen psychisch labil.	Es gibt keinerlei Hinweise darauf, dass Menschen mit Ängsten sich in anderen Bereichen von Menschen ohne Angststörungen unterscheiden.
Eine Angststörung vergeht mit der Zeit von selbst.	Angststörungen verfestigen sich mit der Zeit und neigen dazu sich auszuweiten.
Um eine Angststörung zu überwinden, bedarf es jahrelanger Psychoanalyse.	Angst kann mit einer Verhaltenstherapie besonders effektiv und schnell behandelt werden.
Angst ist nur ein Symptom – auch wenn sie verschwindet, wird sich die tiefere Ursache an anderer Stelle, z.B. durch Krankheiten, wieder bemerkbar machen.	Es gibt Verhaltens-, Gefühls- und Denkweisen, die Ängste fördern. Diese sind die »tieferen« Ursachen – die ja gerade bei der Angsttherapie behandelt werden!

führt nicht zu Ersticken, und auch wenn einem schwindelig wird, fällt man nicht einfach tot um. Doch die Angst wirkt auf Dauer als Stress negativ auf den Organismus und es entwickeln sich psychosomatische Krankheiten. Manchmal können Ängste auch durch das Angstverhalten gefährlich werden, beispielsweise wenn jemand mit einer Spinnenphobie beim Autofahren eine Spinne im Wagen entdeckt.

→ ANGST KANN ZU ABHÄNGIGKEIT UND SUCHT FÜHREN. Viele Menschen, die unter Angst leiden, versuchen diese mit Medikamenten und Alkohol oder anderen Drogen zu bewältigen. Natürlich können Chemikalien das Angstproblem nicht lösen. Die Gefahr, es zu versuchen, ist jedoch groß: 10 Prozent aller Menschen mit starken Ängsten werden zu Alkoholikern.

→ ANGST KANN DIE ARBEITSFÄHIGKEIT EINSCHRÄNKEN. Menschen, die krank sind, haben natürlich mehr Fehltage. Jeder Betroffene der fünf Angstkategorien (→ Kapitel 3, Seite 37 ff.) fehlt pro Monat öfter als jemand mit einer Herz-Kreislauf-Erkrankung, einer Magen-Darm-Erkrankung oder Diabetes!

→ ANGST BEHINDERT DAS WACHSTUM. Damit ist natürlich nicht das körperliche Wachstum gemeint, sondern das seelische und geistige Wachstum, das den Menschen ausmacht. Jeder Mensch hat die Möglichkeit, sich bis ins hohe Alter weiterzuentwickeln. Angst behindert diese Entwicklungsmöglichkeiten mehr als alles andere!

Es ist also in jeder Hinsicht wichtig für Sie, Ihre Angst zu überwinden. Dann kann sie sogar zu einer Entwicklungschance werden. Indem Sie lernen, Ihre Angst zu besiegen, lernen Sie sich selbst besser kennen als Menschen, die nie mit diesem Problem konfrontiert waren.

Treffen Sie eine Entscheidung!

Im Grunde gibt es nur zwei Dinge, die Sie tun können: Sie können alles so lassen, wie es ist, resignieren, sich von Ihrer Angst weiterhin leiten lassen und sich damit abfinden, zu leiden. Damit werden Sie Ihr Leben und Ihre Möglichkeiten einschränken. Oder Sie können sich Ihrer Angst stellen, sie kennen lernen, an ihr arbeiten und sie schließlich überwinden. Damit werden Sie Ihr Leben wirklich ausschöpfen und genießen.

Die Entscheidung, welche Wahl Sie treffen, kann Ihnen niemand abnehmen. Doch wenn Sie sich dafür entscheiden, es anzupacken, dann werden wir Sie dabei so gut es geht unterstützen.

Gebrauchsanleitung für dieses Buch

Dieses Buch ist kein Lesebuch und auch nicht in erster Linie ein Buch über die Angst. Es ist vor allem ein Wegweiser aus der Angst.

1. Lesen Sie zuerst die nächsten beiden Kapitel. Dort erfahren Sie, wie Angst entsteht, welche Ursachen sie hat und welche Angststörungen es gibt.
2. Wenn Sie möchten, können Sie anschließend einen Test machen, der Ihnen sagt, wie stark Ihre Angst ist und was deshalb besonders wichtig für Sie ist (→ Seite 48 f.).
3. In Kapitel 4 geht es stufenweise aus der Angst.
   Schritt 1: Wie Sie sich wirklich motivieren können (→ Seite 55 ff.)
   Schritt 2: Wie Sie Stress abbauen (→ Seite 65 ff.)
   Schritt 3: Wie Sie Ihre Angst kennen lernen (→ Seite 77 ff.)
   Schritt 4: Wie Sie Angstgedanken verändern (→ Seite 88 ff.)
   Schritt 5: Wie Sie die Angstgefühle reduzieren (→ Seite 98 ff.)
   Schritt 6: Wie Sie der Angst gegenübertreten (→ Seite 106 ff.)
   Schritt 7: Wie Sie Ihren Erfolg dauerhaft machen (→ Seite 119 ff.)
4. Arbeiten Sie möglichst jeden Tag mindestens eine halbe Stunde mit dem Buch an Ihrer Angst.
5. In Kapitel 4 finden Sie noch ein paar Anregungen, wie Sie Ihr neues Leben ohne die Angst mutvoll gestalten können (→ Seite 124 ff.).
6. Wenn Sie das Gefühl haben, dass Sie mit Selbsthilfe allein nicht weiterkommen, erfahren Sie in Kapitel 5, welche Möglichkeiten der Hilfe es noch gibt (→ Seite 129 ff.).

Eines aber ist am wichtigsten: Das Buch soll Ihnen helfen, Ihr Leben freudvoller zu machen. Betrachten Sie es also nicht als lästige Pflicht, mit Ihrer Angst zu arbeiten. Machen Sie sich so wenig Stress wie möglich und versuchen Sie nicht, perfekt zu sein. Sie sind es schon. Auch wenn Sie im Moment noch von Angst geplagt werden.

Angst ist nicht nur im Kopf

→ Angst ist für Sie zunächst einmal ein Gefühl. Sicher haben Sie aber auch schon bei sich selbst gemerkt, dass sich dieses Gefühl körperlich bemerkbar macht. Körper, Gedanken und Gefühle hängen enger zusammen, als Sie vielleicht vermuteten. In diesem Kapitel erläutern wir Ihnen diese Zusammenhänge und zeigen, wie Ängste entstehen können.

Woher kommt Angst?

Die einfachste Erklärung wäre, dass es einfach zwei Arten von Menschen gibt: ängstliche und mutige. Sicherlich können Sie erkennen, dass das zumindest nicht die ganze Wahrheit sein kann, denn dann wären Sie ja immer schon, in jeder Situation und ständig voller Angst gewesen. Und so war es ja nicht: Sie haben so vieles geschafft, was Sie nie hätten erreichen können, wären Sie immer nur ängstlich gewesen. Doch selbst in der einfachsten Erklärung steckt ein Körnchen Wahrheit.

Von Geburt an ängstlich?

Angst ist niemals ganz und gar angeboren. Was wir jedoch schon bei unserer Geburt mitbekommen haben, sind so genannte »Schreckreaktionen«. Jeder Mensch zuckt zusammen, wenn es unerwartet laut knallt oder blitzt; jeder Mensch zeigt bei Schmerz, Hilflosigkeit oder beim Fallen eine unwillkürliche Reaktion. Insoweit ist Angst angeboren.

Doch es gibt noch mehr: Unser Körper reagiert auf tatsächliche oder vorgestellte Bedrohungen, indem er Hormone ausschüttet – und das geschieht bei jedem Menschen unterschiedlich stark. Ebenso unterscheiden sich Menschen von Geburt an in ihrer Lern- und Merkfähigkeit. All das zusammengenommen bedeutet: Es gibt angeborene Unterschiede in der Angstsensibilität, also in der Bereitschaft, mit Angst zu reagieren. Menschen, die eine höhere Angstsensibilität haben, nehmen körperliche Empfindungen besser und negativer wahr. Sie reagieren schneller auf solche Empfindungen und lernen schneller, die Bedrohung mit anderen Dingen in Zusammenhang zu bringen. Sie entwickeln auch schneller automatisierte Verhaltensweisen und erinnern sich auffallend gut an negative Ereignisse. Doch diese angeborene Neigung, mit Angst zu reagieren, bestimmt noch nicht, ob eine Angststörung entsteht oder nicht – so wie nicht jedes Kind, das musikalisch ist, Orchestermusiker wird.

Wenn der Körper die Angst macht

Oft haben Angstpatienten Angst vor Krankheiten – Sie fürchten sich beispielsweise vor einem Herzinfarkt. Doch manchmal kann eine Krankheit auch der Auslöser für Angst sein:

→ DIABETES: Wenn der Blutzuckerspiegel unter eine kritische Grenze sinkt, treten Schwächeanfälle und Angst auf.

→ LEBERERKRANKUNGEN: Die Aufgabe der Leber ist vor allem die Entgiftung des Körpers. Ist diese Funktion eingeschränkt, kann es zu Bewusstseinstörungen kommen.

→ VIRUSINFEKTIONEN: Die berüchtigtste in diesem Zusammenhang ist wohl Tollwut.

→ SCHILDDRÜSENÜBERFUNKTION: Bei einer Überfunktion der Schilddrüse werden bestimmte Hormone im Übermaß ausgeschüttet, was zu einem erhöhten Erregungszustand führt.

→ ASTHMA: Wenn ein Asthmaanfall zu Atemnot führt, löst das immer auch Angst aus.

→ STÖRUNGEN IM KALZIUMHAUSHALT: Bei einem Mangel kann es zu erhöhter Erregbarkeit der Nerven und Muskelkrämpfen kommen.

→ DROGEN: Einige illegale, aber auch legale Drogen verändern das Empfinden. So treten bei Kokain- oder Amphetaminmissbrauch, aber auch bei übermäßigem Alkohol- und Nikotingenuss manchmal Ängste auf.

Die meisten Ängste entstehen allerdings nicht auf diese Art. Um sicherzugehen, wird ein Therapeut seinen Klienten am Anfang der Therapie auch an einen Arzt überweisen, der abklärt, ob möglicherweise der Angst eine körperliche Erkrankung zugrunde liegt.

Deshalb möchten auch wir Ihnen empfehlen, mit einem Arzt über Ihre Angst zu sprechen – einfach damit Sie die Sicherheit haben, dass Sie körperlich gesund sind und mit voller Energie an den Dingen arbeiten können, die Sie belasten.

Erziehung zur Angst

Mit Sicherheit besteht ein Zusammenhang zwischen Erziehung und der Entwicklung von Angststörungen. Besonders deutlich ist dies bei der Panikstörung zu erkennen. Aber auch wenn die Erziehung den Menschen formt, so bestimmt sie ihn doch nie vollkommen. Vielleicht könnte man die Erziehung mit dem ersten Entwurf eines Romans vergleichen: Die Rahmenhandlung ist im Großen und Ganzen festgelegt; doch die Feinheiten können jederzeit verändert werden – und wenn nötig, kann der Roman sogar in großen Teilen umgeschrieben werden. Dafür bedarf es zwar einiger Mühe, und dem Autor wird es nicht immer leicht fallen, seine bisherige Arbeit zu verwerfen, doch das Entscheidende ist: Es ist möglich. Und das trifft auch auf die Erziehung zu. Sie sind durch Ihre Erziehung geprägt, aber nicht für immer festgelegt!

Erziehungsstile – von Kampf bis Gelassenheit

Kinder entwickeln sich rasant. Sie lernen zu gehen, zu sprechen, zu schreiben. Und auch ihre grundlegenden Reaktionen bei Angst lernen sie schon früh. Die Art und Weise übernimmt das Kind dabei in der Regel von seinen Eltern:

- FLUCHT: Bei Problemen neigen die Eltern dazu, auszuweichen. Das Kind lernt nicht, seine Bedürfnisse zu äußern und sich gegen Ansprüche zu wehren. Ein Erziehungsstil, der von Drohungen geprägt ist, fördert die Fluchtreaktion.

- **KAMPF:** Die Eltern leben (Konkurrenz-)Kampf vor. Das Kind lernt nicht, Kompromisse einzugehen und sich den Umständen anzupassen. Ein Erziehungsstil, der von dem Prinzip »Nur wer etwas leistet, wird geliebt« geprägt ist, fördert die Kampfreaktion.
- **ERSTARRUNG:** Die Eltern sind überbehütend und übertragen dem Kind keinerlei Verantwortung. Das Kind lernt nicht, dass es durch sein Verhalten Situationen beeinflussen kann, und erfährt seine prinzipielle Hilflosigkeit. Der Erziehungsstil ist meist streng autoritär.
- **TÄUSCHUNG:** Die Eltern sind kritisch, auf das Äußere bedacht und launisch. Das Kind lernt nicht, dass es stabile Werte gibt, sondern dass nur das Ergebnis zählt. Der Erziehungsstil ist in der Regel von Unberechenbarkeit gekennzeichnet.
+ **GELASSENHEIT:** Die Eltern reagieren gelassen, wenn Unerwartetes geschieht oder wenn ihr Kind sich nicht wunschgemäß verhält. Das Kind lernt, dass sein Verhalten zwar bestimmte Folgen hat, aber Fehlverhalten nicht zur Katastrophe führt.
+ **POSITIVE ZIELMOTIVIERUNG:** Die Eltern fördern das Kind im Einklang mit seinen Bedürfnissen. Das Kind lernt, dass Probleme, die auftreten, aus eigener Kraft – dazu gehört auch, Hilfe einzufordern – bewältigt werden können.

Diese Grundmuster, die wir von unseren Eltern mitbekommen haben (die diese wiederum meist von ihren Eltern übernommen haben) neigen dazu, sich im Laufe der Zeit immer stärker einzuprägen. Kein Wunder, wir »üben« sie ja immer und immer wieder. Und da uns diese Muster in der Regel nicht bewusst sind, überprüfen wir sie auch nicht. Doch wir *können* sie überprüfen und wir können uns durch Neulernen und Neuüben sinnvollere, angstfreiere und effektivere Reaktionen aneignen.

Erziehung ist Beispiel und **Liebe**, sonst nichts.

[Friedrich Fröbel | *Mitarbeiter Pestalozzis, Begründer der Kindergärten*]

Im Grunde gehört das, was wir durch unsere Erziehung mitbekommen haben, bereits zu den Verhaltensweisen, die wir gelernt haben und worauf wir später aufbauen – im Positiven wie im Negativen. Und doch gibt es viele Menschen, die trotz katastrophaler Kindheitserfahrungen unbeschwert und angstfrei leben.

Alle Kinder haben erst einmal Angst, wenn die Mutter nicht erreichbar ist. Aber diese Angst verlieren wir. Ebenso wie die meisten anderen Kinderängste. Unsere Grundmuster der Angstbewältigung haben zwar einen großen Einfluss darauf, wie wir mit neuen wirklichen oder scheinbaren Bedrohungen umgehen, aber wir können in jeder Phase unseres Lebens neue Ängste lernen – und verlernen.

Angst ist lernbar

Die meisten Ängste stammen nicht direkt aus unserer Kindheit, sondern wir lernen sie neu. »Lernen« ist dabei natürlich nicht so zu verstehen wie das Lernen in der Schule. Niemand wird wohl absichtlich eine Angst lernen. Es ist eher so, wie Kinder ihre Muttersprache oder das Gehen lernen – es geschieht ohne Absicht, quasi von selbst.

Oft ist ein traumatisches Ereignis der Auslöser. Das kann ein Unfall sein, der Tod eines uns nahe stehenden Menschen, eine unangenehme körperliche Erfahrung (zum Beispiel plötzliches Herzrasen in der U-Bahn) oder eine seelische Verletzung (Demütigung).

Ebenso oft ist es das intensive Vorstellen von Gefahren, das eine Angststörung in Gang setzt. Je intensiver, häufiger und bedrohlicher eine Situation in der Vorstellung ist, desto eher wird sie dann in der Realität Angst auslösen.

Das Gefühl der Ausweglosigkeit löst eigentlich immer Angst aus. Wenn die Angstbereitschaft entsprechend hoch ist, kann eine harmlose Situation, die ausweglos scheint (zum Beispiel in einem Raum eingeschlossen sein) zum Ursprung der Angststörung werden.

Eine Bedrohung des Selbst- oder Weltbildes wird als Angstauslöser oft unterschätzt. Doch unser Selbstbild (beziehungsweise Weltbild) ist das, worauf wir alles andere aufbauen. Wenn jemand in eine Situation gerät, in der er »sein Gesicht verliert«, kann er lernen, solche Situationen mit Angst zu verbinden und sie zukünftig zu vermeiden.

Wenn die Gesellschaft krank macht

Was uns bedrohlich erscheint und was nicht, hängt davon ab, wie wir die Welt sehen. Und wie wir die Welt sehen, hängt wiederum zu einem großen Teil davon ab, wie die Gesellschaft, in der wir leben, die Welt sieht. Sie legt fest,

→ WAS »ERLAUBT« IST. Angst zu zeigen gilt bei Männern als tabu, bei Frauen als normal. Und siehe da: Frauen werden zwei- bis dreimal so häufig wegen Angststörungen behandelt wie Männer.

→ WAS BEDROHLICH IST. Reißerische Berichte über schädliche Substanzen, exotische Krankheiten, Flugzeugabstürze, Verbrechen und Katastrophen in den Massenmedien rücken auch wenig wahrscheinliche Gefahren stärker ins Bewusstsein und begünstigen Ängste.

→ WAS WÜNSCHENSWERT IST. Gesellschaftliche Anerkennung scheint oft an eine geregelte Arbeit geknüpft zu sein. In Zeiten hoher Arbeitslosigkeit erhöht das Leistungsdruck und Stress – mit der Folge, dass auch Angststörungen zunehmen.

Stress: der heimliche Angstmacher

Seit längerer Zeit ist der Medizin bekannt, dass Stress, insbesondere länger andauernder Stress, Krankheiten fördert – und zwar praktisch jede Krankheit. Bei Angst spielt Stress sogar eine Doppelrolle. Sie wissen ja selbst, dass Angst stresst, also Stress verursacht. Aber interessanterweise ist auch das Gegenteil wahr: Stress, insbesondere Dauerstress, kann Angststörungen verursachen!

Interessant ist in diesem Zusammenhang folgendes Ergebnis der Stressforschung: Stress ist nicht etwas, das ausschließlich von außen kommt. Stress ist nur, was wir als Stress empfinden. Wie wir Ereignisse bewerten, ist also von größter Bedeutung! Nun sind Menschen natürlich verschieden und bewerten dementsprechend auch unterschiedliche Ereignisse als Stress. Doch es gibt auch Gemeinsamkeiten: Fast jeder wird den Tod eines nahe stehenden Menschen, einen schweren Unfall oder Arbeitslosigkeit als Stress empfinden. Wichtig ist aber festzuhalten: Wir können einen gewissen Einfluss darauf nehmen, was uns stresst!

Darüber, was bei Stress in unserem Körper passiert, werden wir noch sprechen (→ Seite 65 f.).

Das Mosaik der Angst

Wie Sie gesehen haben, ist Angst nicht einfach die Folge einer einzigen Erfahrung, der Erziehung oder der gesellschaftlichen Umstände. Manchmal wollen Ihnen Menschen das vielleicht einreden – aber so einfach ist es nicht. Erst viele Faktoren zusammen lassen die Angststörung entstehen. Deshalb kann sie auch nicht durch bloße Willenskraft oder andere Wundermittel überwunden werden. Es bedarf einer umfassenden Veränderung, die an mehreren Stellen der Seele ansetzt, um die Angst dauerhaft zu beseitigen.

Das braucht Sie aber nicht zu beunruhigen – ganz im Gegenteil. Erstens verstehen Sie nun vielleicht eher, warum Sie Ihre Angst bisher selbst nicht ganz nachvollziehen konnten. Und zweitens wissen Sie jetzt, dass sich die Angst aus mehreren Quellen speist und dass Sie bei jeder ansetzen können, um Ihrer Angst die Kraft zu nehmen.

Nun wollen wir uns noch ansehen, was bei Angst in unserem Körper vorgeht und wie Gedanken, Gefühle und Wahrnehmungen einen Angstkreislauf aufrechterhalten.

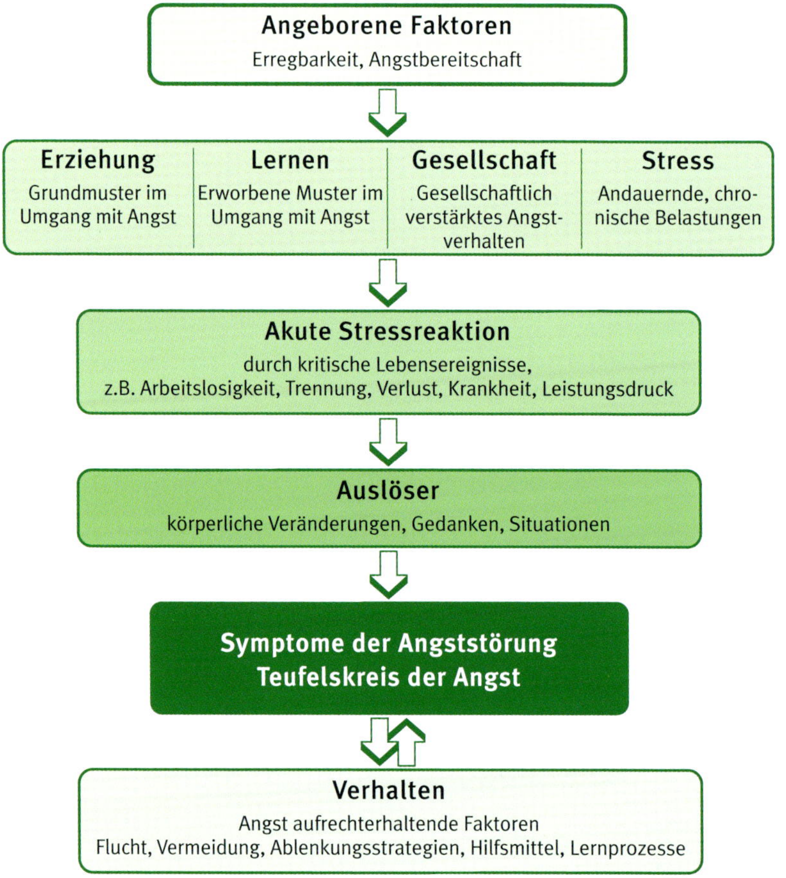

Was bei Angst im Körper geschieht

In unserem Nervensystem gibt es einen Teil, der unsere unwillkürlichen Körperaktivitäten, wie Herzschlag oder Darmtätigkeit, reguliert. Dieser Teil heißt »vegetatives Nervensystem« und besteht aus zwei Bereichen, dem »Sympathikus« und dem »Parasympathikus«. Das Zusammenspiel der beiden sorgt für einen ausgewogenen Zustand zwischen Anspannung (Sympathikus) und Entspannung (Parasympathikus). Sie können sich das wie den Kalt- und Heißwasserhahn an der Badewanne vorstellen: Die richtige Mischung ergibt eine angenehme Badewassertemperatur.

Bei Angst oder Stress gerät dieser Zustand ins Ungleichgewicht und unser Körper reagiert entsprechend. Das geschieht in drei Phasen: der Alarmreaktion, der Anpassungsreaktion und der Erschöpfungsreaktion.

Die Alarmreaktion

Bei einer Angst- oder Stressreaktion wird zunächst der sympathische Teil des autonomen Nervensystems aktiviert. Dadurch werden alle nicht lebensnotwendigen Aktivitäten im Körper – wie Hunger oder Müdigkeit – eingestellt und die Aktivitäten angekurbelt, die für die Reaktion auf eine äußere Bedrohung notwendig sind.

In dieser ersten Phase bereitet sich der Körper darauf vor, zu handeln. Drüsen schütten Stresshormone aus: vor allem Adrenalin, aber auch Noradrenalin, Kortisol und Kortison. Das spüren Sie nicht direkt. Doch die darauf folgenden Reaktionen Ihres Körpers können Sie sehr wohl spüren:

- Das Herz schlägt schneller. Dadurch wird vermehrt Sauerstoff und Zucker zu den Muskeln transportiert. Das ermöglicht bei Gefahr eine kraftvolle Reaktion.
- Die Atmung beschleunigt sich. Dadurch können wir mehr Sauerstoff aufnehmen. Auch das ist für die schnelle Reaktion in einer Notlage wichtig. Allerdings kann nach kurzer Zeit ein Gefühl von Atemnot entstehen – das löst manchmal Hyperventilation aus (→ Seite 112f.). Ist zu viel Luft in der Lunge, entsteht zudem ein Druckgefühl im Brustraum.
- Die Blutgefäße verengen sich. Das dient dazu, den Körper bei Verletzungen vor unnötigem Blutverlust zu schützen. Sie bemerken das vielleicht anhand von Schwindel, Benommenheit, drohender Ohnmacht, Wärme- und Kälteschauern, Taubheit und Kribbeln in Händen und Füßen, vorübergehenden Sehstörungen oder Ohrensausen.
- Die Spannung der Muskeln wird erhöht. Auch das ist in einer konkreten Gefahrensituation sinnvoll. Sie spüren die Spannung eventuell als Zittern und weiche Knie – Ihre Muskeln stehen förmlich unter Strom.
- Es wird mehr Schweiß abgesondert. Der Körper braucht Kühlung, weil er sich darauf einrichtet, die Muskeln auf Hochtouren laufen zu lassen. Ihnen steht kalter Angstschweiß auf der Stirn.
- Die Verdauung wird heruntergeschaltet. Dadurch hat der Körper mehr Blut für die Muskeln zur Verfügung, die er für den vermeintlichen Kampf oder eine Flucht braucht. Sie spüren vielleicht den Drang, Blase und Darm zu entleeren.

Die Anpassungsreaktion

Nach der Alarmreaktion, wenn die Gefahr vorbei ist, wird der Parasympathikus aktiv. Der Körper baut dann als Anpassungsreaktion die Stresshormone wieder ab, die durch die Alarmreaktion ausgeschüttet wurden. Die Spannung und die körperlichen Reaktionen gehen zurück. Um den Körper wieder ins Gleichgewicht zu bringen, werden auch die Verdauungsvorgänge angeregt. Sie spüren das möglicherweise als Übelkeit, Brechreiz, Durchfall und Harndrang.

Die Erschöpfungsreaktion

2

Als dritte Phase tritt eine Erschöpfungsphase ein, in der sich der Körper erholt. Wenn die Stresssituation jedoch anhält, wird die Erschöpfung chronisch. Durch den Dauerstress werden die Energievorräte des Körpers erschöpft. Sie fühlen sich matt und abgeschlagen, vielleicht auch depressiv und todmüde. Neuere Forschungen haben ergeben, dass sich durch lang anhaltenden Stress auch die Erregbarkeit der Nerven erhöht – was dann wiederum dazu führt, dass Sie grundsätzlich leichter mit Angst reagieren. Und genau das ist der Fall, wenn Sie durch »Angststrategien« versuchen, die Angst zu unterdrücken und Ihren Körper in einem permanenten Alarmzustand halten.

Gedanken machen Gefühle – und umgekehrt

Peter muss einen wichtigen Vortrag halten. Er fängt an, darüber nachzudenken, was schief gehen könnte und welches die Folgen wären. »Ich könnte stecken bleiben oder den Faden verlieren. Dann würde ich wahrscheinlich rot werden und wie ein Idiot dastehen. Dass ich dann noch die Stelle bekomme, kann ich wohl vergessen. Um Himmels willen! Ich muss mich absolut perfekt vorbereiten. Aber wenn dennoch etwas danebengeht, zum Beispiel …« Langsam steigt ein Gefühl der Panik auf und Peter überlegt, ob er sich nicht krankmelden soll.

Gedanken können also Gefühle hervorrufen. Aber auch der umgekehrte Weg ist möglich: Anna fährt in der U-Bahn zur Arbeit, wie jeden Tag. Plötzlich hat sie ein starkes Angstgefühl. Ihr Herz klopft und das Atmen fällt ihr schwer. »Woher kommt dieses Gefühl? Wenn ich eine so starke Empfindung habe, muss etwas Gefährliches passiert sein – das kommt doch nicht von selbst. Bestimmt habe ich einen Herzinfarkt. Oder ich werde gerade verrückt.« Die Angstgefühle werden zum Anlass für Angstgedanken.

Angstgedanken erzeugen Angstgefühle und Angstgefühle erzeugen Angstgedanken. Ein Kreislauf der Angst entsteht.

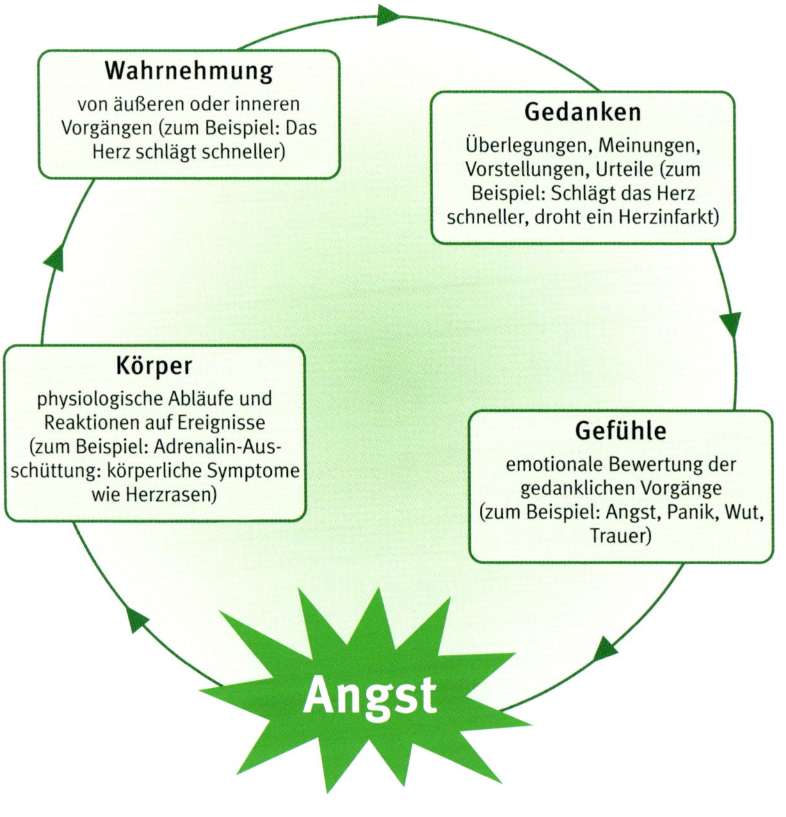

Wer macht die Angst?

Wenn Sie Angst vor einer Situation, vor einem Tier oder einem Ort haben, werden Sie erst einmal denken: »Das macht mir Angst.« Doch wie macht eine U-Bahn, eine Spinne oder eine Rede, die Sie halten sollen, das? Das scheint doch ziemlich rätselhaft. Das Rätsel klärt sich jedoch, wenn wir die Frage anders formulieren: Wie stellen wir es an, dass wir davor Angst haben? Nicht Menschen, Objekte, Situationen oder Ereignisse machen die Angst, sondern wir selbst, indem wir sie auf eine bestimmte Art und Weise bewerten. Hört sich das für Sie absurd an? Nun, natürlich bewerten wir normalerweise »unbewusst«: Eine Flugreise kann als spannend, interessant, unterhaltsam und angenehm bewertet werden – oder aber als gefährlich, anstrengend und unangenehm. Eine Rede halten kann als eine Möglichkeit, sich und seine Fähigkeiten zu präsentieren, als Chance und Herausforderung gesehen werden – oder aber als Möglichkeit, sich zu blamieren, als Qual und Peinlichkeit.

Das heißt jedoch nicht, dass wir einfach zwischen den Bewertungsmöglichkeiten entscheiden können. Wir bewerten Dinge aufgrund unserer Lebenserfahrungen. Das Problem dabei: Auch unsere Erfahrungen sind bereits durch unsere Bewertungen gefärbt. Schon wieder ein Teufelskreis: Jeder Bewertung liegen Erfahrungen zugrunde – und jeder Erfahrung Bewertungen!

Den Teufelskreis durchbrechen

Können wir durch bewusstes Überlegen aus dem Teufelskreis der Angst herauskommen?

In der Regel leider nicht. Aus der Angst – die ein eingeschliffenes, »bewährtes« Verhaltensmuster ist – kommt man nur heraus, indem man neue Möglichkeiten lernt und übt, sich sinnvoller, effektiver zu verhalten, zu denken, und zu fühlen. Im Stufenprogramm (→ Seite 55 ff.) werden wir Ihnen dazu ganz konkrete Übungen zeigen.

Doch Sie können den Teufelskreis der Angst immerhin schon ein wenig schwächen, indem Sie sich die Art und Weise, wie sich Angst verfestigt, bewusst machen. Typisch für Menschen, die unter starken Ängsten leiden, ist, dass sie Gefahren, ihre Wahrscheinlichkeit und den möglichen Schaden nicht realistisch einschätzen.

Stellen Sie sich folgende Fragen, um mehr Klarheit über Ihre Angst zu gewinnen:

- Haben alle Menschen in dieser Situation/vor diesem Objekt/an diesem Ort Angst?
- Wie hoch ist die Gefahr tatsächlich?
- Hatten Sie schon immer in dieser Situation Angst?
- Was würde jemandem (nicht Ihnen!) passieren, dem das, was Sie fürchten, widerfährt?

Wie wir auf Angst reagieren

Menschen reagieren in ein und derselben Situation sehr unterschiedlich. Vielleicht empfinden Sie Angst, wenn Sie in ein Flugzeug steigen (oder auch nur bei dem Gedanken daran). Aber Ihnen ist sicher klar, dass andere dasselbe Ereignis mit absoluter Gelassenheit oder sogar freudiger Erregung aufnehmen.

Es gibt aber nicht nur Angst oder Nicht-Angst. Andere Reaktionen können Depression, Verwirrung oder Aggression sein. Meist spielt Angst aber auch bei diesen Reaktionen eine wichtige Rolle.

A-B-E-R

Sehen Sie sich einmal an, wie Sie reagieren. Womit beginnt Ihre Angstreaktion (Ausgangssituation)? Wie beurteilen Sie die Ausgangssituation (Bewertung)? Welche Gefühle haben Sie dabei (Emotion)? Wie verhalten Sie sich dann (Reaktion)? Vielleicht können Sie sehen, dass Ihre Angst nicht nur ein Gefühl ist, sondern auch aus Gedanken und Verhaltensweisen besteht.

2

A-B-E-R-REAKTIONSMUSTER

A Ausgangs-situation	B Bewertung	E Emotion	R Reaktion
Morgen habe ich eine wichtige Prüfung!	»Ich werde versagen!«	Angst	**Flucht** (»Ich gehe nicht hin«, »Ich bin krank«)
	»Das kann ich nicht.«	Depression (Angst!)	**Erstarren** (»Ich kann nicht lernen«, »Ich gebe auf«)
	»Ich weiß nicht, was ich tun soll.«	Verwirrung (Angst!)	**Täuschung** (»Ist mir egal«, »Ich werde betrügen«)
	»Jemand greift mich an.«	Wut (Angst!)	**Kampf** (»Ich brenne die Schule ab«, »Ich zeig es denen«)
	»Das ist nicht weiter schlimm.«	Gelassenheit	**Entspanntes Handeln** (»Ich lerne jetzt so gut es geht, dann schaffe ich es vielleicht – sonst eben nächstes Mal«)
	»Ich kann mich beweisen!«	Freude	**Positiv motiviertes Handeln** (»Ich habe Spaß daran, mich mit dem Lernstoff auseinanderzusetzen und so gut wie möglich zu lernen«)

Und auch Ihnen ist es möglich, andere Reaktionen als Angst zu zeigen. Nicht jetzt sofort, aber Schritt für Schritt, indem Sie neue Denkweisen einüben, neue Wege zu fühlen ausprobieren und schließlich die Erfahrung neuer Reaktionen machen.

Wie wir die Angst am Leben halten

Die Angst, die natürlich auftritt, vergeht. Sie durchläuft ihre drei Phasen – dann ist sie vorbei. Jemand, der eine Achterbahnfahrt genießt, verspürt Angst, wenn der Wagen fast senkrecht in die Tiefe stürzt. Wenn die Fahrt zu Ende ist und er aus der Achterbahn steigt, zittern ihm vielleicht noch ein wenig die Knie, doch spätestens am nächsten Zuckerwattestand ist die Angst vergessen.

Wahrscheinlich wären Sie froh, wenn Sie das auch so einfach tun könnten. Aber was machen Sie anders? Es gibt eine ganze Reihe von »Strategien«, die Menschen mit Angststörungen (unbewusst) einsetzen. Diese Strategien führen dazu, dass die Angst lebendig bleibt:

- NEGATIVE VORSTELLUNGEN WIEDERHOLEN (zum Beispiel sich immer wieder einen Unfall ausmalen): Jede Vorstellung geht mit Gedanken, Gefühlen und körperlichen Vorgängen einher. Jede Wiederholung festigt die Verbindung zwischen der Angst und dem Vorgestellten.
- POSITIVE ERFAHRUNGEN BAGATELLISIEREN (zum Beispiel eine gut überstandene Flugreise als glücklichen Zufall interpretieren): Jede positive Erfahrung hat das Potenzial, Ängste zu löschen. Doch jede positive Erfahrung kann auch das Gegenteil bewirken, indem man sie als »Ausnahme von der Regel« bewertet.
- FLÜCHTEN (zum Beispiel beim Anblick einer Spinne das Zimmer verlassen): Angst legt natürlich nahe zu fliehen. Doch dadurch wird nur die Situation, nicht aber die Angst verändert. Neue Erfahrungen, die die Angst überflüssig machen, können so nicht gemacht werden.

→ VERMEIDEN (zum Beispiel nicht mehr mit dem Flugzeug reisen): Durch Vermeiden kommt es gar nicht erst zur Angst. In der fraglichen Situation tritt die Angst aber natürlich unvermindert auf.

→ ABLENKUNG (zum Beispiel herumlaufen, reden, lesen): Das funktioniert bei leichteren Ängsten scheinbar gut. Doch dass die Ablenkung nötig ist, zeigt ja schon, dass die Angst weiter besteht.

→ HILFSMITTEL (zum Beispiel Talisman, Zigaretten): Auch mit dieser Strategie halten Sie sich davon ab, die Erfahrung zu machen, dass die Angst von selbst wieder vergeht und unnötig ist.

→ INTENSIVE SELBSTBEOBACHTUNG (zum Beispiel Puls und Blutdruck messen): Diese Strategie führt oft geradezu in die Angst hinein. Die genauere Beobachtung macht beispielsweise Missempfindungen bewusst, die vorher vollkommen unbemerkt blieben – so entstehen neue Auslöser für die Angst.

All diese Strategien haben eines gemeinsam: Die Angst lässt erst einmal ein wenig nach. Kein Wunder also, dass eine solche Strategie zur Gewohnheit wird, denn es scheint schon ein Erfolg zu sein, wenn die Angst weniger wird. Leider ist das jedoch ein Trugschluss. Zwar nimmt die Angst ab – aber nicht von selbst, sondern nur durch die Strategie. Dies lehrt uns, dass die Angst unvermeidlich ist – und die Strategie notwendig. Gerade das ist aber eben nicht richtig.

Wie die Angst endet

Ohne Flucht und andere Strategien endet die Angst ganz von selbst. Spätestens nach einer halben Stunde – sogar in extremen Gefahrensituationen. Und so wäre es auch, wenn es Ihnen gelänge, die Angst auszuhalten. Sie würde einfach aufhören. Mit unserem Stufenprogramm (→ Seite 55 ff.) erreichen Sie schrittweise einen Zustand, in dem Ihnen das gelingt und die Angst keine Macht mehr über Sie hat.

3 Wenn Angst krank macht

→ Für einen Betroffenen ist Angst erst einmal gleich Angst. Doch Psychologie unterscheidet viele Formen, die oft beunruhigende Namen wie »Agoraphobie« tragen. Wir möchten Ihnen helfen, sich in diesem Begriffs-Durcheinander zurechtzufinden – und auch erklären, warum Ängste überhaupt unterschieden werden. Und wenn Sie möchten, können Sie testen, wie stark Ihre Angst wirklich ist.

Was Sie über Angst wissen sollten

Angst ist etwas Natürliches – bis sie überhand nimmt. Dann wird sie zur Angststörung. Am wichtigsten dabei ist Ihr Empfinden: Wie sehr stört Sie Ihre Angst – im Alltag, im Privatleben, im Beruf? Um festzustellen, ab wann es sich um eine Angststörung mit Krankheitswert handelt, bedienen sich Psychotherapeuten aber auch anderer Kriterien. Dazu gehören vor allem die Häufigkeit und die Dauer der Angstattacken sowie die Einschränkungen, die damit verbunden sind.

3

Ängste, Panik und Phobien

Alle Formen von Angststörungen haben eines gemeinsam: Die Betroffenen haben Angst in Situationen, in denen die meisten Menschen keine haben. Dabei lassen sich fünf Angststörungen unterscheiden:

- Agoraphobie (→ Seite 38 f.)
- Spezifische Phobie (→ Seite 39 ff.)
- Soziale Phobie (→ Seite 41 ff.)
- Panikstörung (→ Seite 43 ff.)
- Generalisierte Angststörung (→ Seite 45 f.)

Bei der Agoraphobie, der spezifischen Phobie und der sozialen Phobie fürchten sich die Betroffenen vor etwas; bei der Panikstörung und der generalisierten Angststörung scheint die Angst dagegen ohne Auslöser aufzutreten. Wir wollen uns diese Formen nun einmal genauer ansehen.

Agoraphobie – die Angst vor Orten und Situationen

Die Agora war im Alten Griechenland der Marktplatz. Agoraphobie ist dementsprechend also die Angst vor öffentlichen Plätzen oder Situationen: beispielsweise vor Menschenmengen, vor einer Fahrt mit der U-Bahn oder auch davor, allein im Haus zu sein. Wenn Sie unter

FALLGESCHICHTE

Anja W. (27) – Grafikdesignerin

»Es ist jetzt etwa ein Jahr her. Es war ein warmer Tag und ich ging shoppen. Nichts war irgendwie ungewöhnlich. Mit Einkaufstüten bepackt war ich auf dem Weg nach Hause. Plötzlich drehte sich alles. Die Häuser schienen zu wanken. Mein Herz schlug wie wild und meine Knie wurden weich. Ich bekam keine Luft mehr. Die Tüten fielen mir aus der Hand und ich sank an einer Litfasssäule zusammen. Lieber Himmel, 26 Jahre und schon ein Herzinfarkt, dachte ich noch. Ich wurde vom Notarztwagen ins Krankenhaus gebracht – aber die Ärzte konnten nichts finden. Abends konnte ich schon wieder nach Hause, aber ich war wie ausgewechselt. Ich war immer viel unterwegs. Doch als ich in den nächsten Wochen noch ein paar solche Anfälle hatte, begann ich mich vor dem Einkaufen zu fürchten. Ich gehe auch kaum noch ins Café, wie früher. Eigentlich gehe ich gar nicht mehr aus. Ich traue mich kaum noch aus der Wohnung. Ich fühle mich wie eingesperrt.«

dieser Angststörung leiden, fürchten Sie, dass Sie im Fall einer möglichen Gefahr nicht fliehen können oder dass Sie, wenn etwas passiert (Ohnmacht, Herzanfall, Atemnot), keine Hilfe bekommen.

Etwa zwei Prozent aller Deutschen leiden unter dieser Form der Angst. Das Durchschnittsalter, in dem diese Angststörung zum ersten Mal auftritt, ist 26.

Eine Situation oder einen Ort, wie beispielsweise die U-Bahn, zu meiden, funktioniert vielleicht noch. Doch die Agoraphobie hat – noch mehr als andere Ängste – die Eigenschaft, von immer mehr Lebensbereichen Besitz zu ergreifen. Sie wächst und entwickelt sich und kann im Laufe mehrerer Jahre das ganze Leben verändern, wenn sie nicht behandelt wird. Die Betroffenen fühlen sich in immer mehr Situationen und an immer mehr Orten unwohl. Es wird nahezu unmöglich, einer Arbeit nachzugehen oder auch nur im Alltag zurechtzukommen. Deshalb: Je früher Sie damit beginnen, etwas gegen Ihre Angst zu tun, desto leichter wird es, dem Gefängnis der Furcht zu entkommen.

Spezifische Phobie – alles kann Angst auslösen

Charakteristisch für diese Form der Angststörung ist eine intensive und unangemessene Angst vor bestimmten Objekten und Situationen. Dabei kann fast alles zum Angstauslöser werden. Am häufigsten sind Ängste vor Tieren (Spinnen, Schlangen, Hunde, Mäuse), Höhenangst, Flugangst, Angst vor dem Zahnarzt, vor engen Räumen (die so genannte Klaustrophobie) und Blut.

Diese Ängste sind weit verbreitet: Etwa acht Prozent aller Deutschen leiden unter einer spezifischen Phobie. Von allen Angstformen ist die spezifische Phobie nicht nur am häufigsten, sondern sie tritt auch am frühesten im Leben auf. Das Durchschnittsalter, in dem sich diese Ängste erstmals zeigen, liegt bei nur 16 Jahren.

FALLGESCHICHTE

Edmund A. (43) – Geschäftsmann

»Ich bin noch nie gern geflogen. Bis vor ein paar Jahren habe ich das aber, wenn es fürs Geschäft wichtig war, auf mich genommen. Angenehm war es schon damals nicht. Ich habe mir immer einen Platz in der Mitte gesucht und habe es schwitzend durchgestanden. Vor allem beim Start und bei der Landung dachte ich jedes Mal, dass wir abstürzen werden. Meine Erleichterung, wenn ich endlich aus dem Flieger war, war unbeschreiblich. Ich habe es mit allen möglichen Tricks versucht: Entspannungsübungen, Ablenkung durch Lesen und Schreiben, Beruhigungsmittel… Doch das Fliegen wurde immer mehr zur Hölle für mich – vor allem nach den Anschlägen vom 11. September 2001. Seither schaffe ich es gar nicht mehr. Schon der Gedanke daran lässt mein Herz schneller schlagen. Es muss ja auch nicht sein. Man kommt ja auch mit dem Schiff überall hin. Dumm ist nur, dass allmählich meine Geschäfte darunter leiden. Die letzten Male, als ich einen Termin in New York hatte, habe ich meine Frau geschickt und mich als krank ausgegeben. Aber so kann das ja nicht weitergehen. Aber wie dann?«

Wenn Sie unter einer solchen Angst leiden, steht wahrscheinlich eine befürchtete Gefahr im Vordergrund. Vielleicht können Sie diese Gefahr konkret benennen (Hundebiss, Flugzeugabsturz). Manchmal ist es aber auch ein unbestimmtes Gefühl von Gefahr (zum Beispiel bei Spinnenangst oder Klaustrophobie). In beiden Fällen ist Ihnen allerdings klar, dass Ihre Einschätzung der Gefahr unangemessen ist.

Spezifische Phobien sind zwar weit verbreitet, bleiben aber oft unbehandelt, da diese Ängste meist nur einen kleinen, eng begrenzten

Bereich des Lebens umfassen. Den Betroffenen scheint es meist leichter, den Angstauslösern einfach aus dem Weg zu gehen, als die Angst zu überwinden – Hunden kann man ausweichen, man muss ja nicht unbedingt mit dem Flugzeug in den Urlaub reisen, und in den Keller, wo die gefürchteten Spinnen hausen, kann ja auch der Partner oder der Sohn/die Tochter gehen. Auf Dauer aber leidet das Lebensgefühl beträchtlich, wenn Sie wegen der Angst nicht das tun können, was Sie eigentlich möchten.

Soziale Phobie – wenn Menschen Angst machen

Die wenigsten Menschen sind so selbstsicher, dass sie sich ohne weiteres auf einen Marktplatz stellen und eine Rede halten würden. Auch sind die meisten Jugendlichen etwas schüchtern im Umgang mit dem anderen Geschlecht. Eine soziale Phobie aber ist weit mehr als ein wenig Kribbeln im Bauch bei einer Prüfung, einem Auftritt oder wenn es darum geht, einen unbekannten Menschen anzusprechen.

Soziale Phobien beginnen fast immer in der Pubertät – dass sich eine Sozialangst nach dem 25. Lebensjahr entwickelt, ist eher die Ausnahme. Betroffen sind etwa zwei Prozent aller Deutschen.

Wenn Sie unter einer sozialen Phobie leiden, ist Ihnen – im Gegensatz zu einem bloß etwas schüchternen Menschen – wahrscheinlich völlig klar, dass Ihre Angst übertrieben oder unbegründet ist. Dieses Wissen hilft Ihnen aber nicht, die Angst zu überwinden. Im Vordergrund steht die Befürchtung, von anderen Menschen negativ bewertet, ausgelacht oder abgelehnt zu werden. Sie fürchten, schwach, dumm oder lächerlich zu wirken. Ihre Angst macht es Ihnen schwer, zu zeigen, wie Sie wirklich sind und was Sie wirklich können. In Belastungssituationen (oder auch nur bei dem Gedanken daran) wie Prüfungen, Reden und Präsentationen, beim Smalltalk oder in Situationen, in denen Sie

FALLGESCHICHTE

Günther W. (46) – Unternehmer

»Das Ganze fing mit einer Kleinigkeit an: Ich wollte eine Rede vor meinen Abteilungsleitern halten. Kurz vor meiner Ansprache trank ich noch einen Kaffee. Dabei verschüttete ich etwas. Und das löste irgendetwas in mir aus. Ich starrte auf den Kaffeefleck und konnte mich nicht mehr auf meine Rede konzentrieren. Immer wieder verlor ich den Faden. Von dieser Stunde an brachte ich es nicht mehr über mich, in der Öffentlichkeit einen Kaffee zu trinken – ich musste immer an das Missgeschick und die Peinlichkeit denken. Dabei blieb es aber nicht. Bei einem wichtigen Geschäftsessen bekam ich zittrige Hände und mir fiel etwas Gemüse von der Gabel auf den Tisch. Geschäftsessen kamen für mich daraufhin nicht mehr infrage. Als ich dann bei einer Konferenz einen Vertrag unterzeichnen sollte und ich es kaum schaffte, weil meine Hände so zitterten, war es ganz aus. Ich ging nach Hause und rief meine Sekretärin an, dass ich krank wäre. Mittlerweile schaffe ich es kaum noch, zur Arbeit zu gehen. Wenn ich doch einmal losgehe, kehre ich meist auf halbem Weg wieder um. Wie soll das nur weitergehen?«

im Vordergrund stehen, werden Sie vielleicht schnell rot, zittern, geraten ins Stottern oder haben eine Denkblockade.

Eine starke soziale Angststörung kann dazu führen, dass Sie Ihr Leben verändern. Die Angst kann den Umgang mit Menschen behindern und die Leistungsfähigkeit im Beruf deutlich einschränken. Dabei ist der Gedanke, dass Sie in Wirklichkeit anders sind, besonders quälend. Leider bleibt die Mehrzahl der sozialen Phobien unbehandelt und beeinträchtigt die Betroffenen das ganze Leben lang.

Deshalb: Reden Sie sich nicht ein, dass Sie »einfach nur schüchtern« sind, wenn Sie Ihre Angst belastet, und fangen Sie noch heute damit an, die Angst aus Ihrem Leben zu vertreiben.

Panikstörung – die Angst aus heiterem Himmel

Eine Panikattacke ist eine sehr unangenehme Erfahrung. Plötzlich, ohne erkennbaren Anlass, überfällt die Betroffenen eine überwältigend starke Angst – oft Todesangst. Besonders beunruhigend ist, dass die Panik so unvorhersehbar und unerwartet auftritt.

Obwohl Panikattacken sehr extreme Gefühle mit sich bringen, sind sie gar nicht so selten: Fast 15 Prozent aller Menschen haben im Laufe ihres Lebens eine Panikattacke. Bei zwei Prozent aller Deutschen bleibt es aber nicht bei vereinzelten Attacken, sondern sie entwickeln eine Panikstörung, bei der die Panik regelmäßig auftritt. Wann sich eine Panikattacke zum ersten Mal zeigt, ist sehr unterschiedlich. Nur bei Kindern und bei Menschen über 45 Jahren ist es selten, dass sie zum ersten Mal auftaucht.

Wenn Sie an einer Panikstörung leiden, haben Sie beim ersten Anfall höchstwahrscheinlich befürchtet, dass Sie einen Herzinfarkt haben. Diese Befürchtung ist bei der Panikstörung so häufig, dass sie früher deshalb auch als »Herzneurose« bezeichnet wurde. Vermutlich haben Sie nach ihrem ersten Anfall einen oder mehrere Ärzte aufgesucht und die Diagnose, dass Sie gesund sind, mit mehr oder weniger großen Zweifeln aufgenommen. Können so starke körperliche Symptome denn wirklich ohne organische Ursache auftreten?

Die Antwort darauf lautet ganz klar: ja. Vielleicht fürchten Sie aber auch vor allem den Kontrollverlust und glauben, verrückt zu werden? Wir können Sie beruhigen: Panikattacken sind absolut kein Zeichen für eine Geisteskrankheit.

Doch die Panikstörung ist eine durchaus schwerwiegende und ernst zu nehmende Erkrankung. Erst einmal, weil sie Sie ganz unmittelbar belastet, und zum zweiten aber auch, weil gerade die Panikstörung dazu neigt, sich immer mehr auszuweiten. Die meisten Betroffenen entwickeln in der Folge eine Agoraphobie (→ Seite 38 f.) und mehr als die Hälfte werden depressiv.

FALLGESCHICHTE

Regina R. (33) – Altenpflegerin

»Als meine Oma vor vier Jahren gestorben ist, war ich schon sehr traurig und fühlte mich einsam. Aber das ist wohl normal. Doch ich kam aus der Trauer einfach nicht heraus. Das Gefühl der Einsamkeit wurde immer schlimmer. Von Tag zu Tag fürchte ich mich mehr vor dem Alleinsein. Und ich kann der Einsamkeit einfach nicht entkommen. Immer häufiger überfällt mich die Angst vor Krankheit und Tod. Mein Herz rast und es fühlt sich an, als würde man mir die Kehle zudrücken. Ich dachte, ich sei schwer krank und stünde kurz vor einem Herzinfarkt. Ich ging sofort zu meinem Hausarzt. Der jedoch kam zu dem Ergebnis, dass ich völlig gesund sei. Daraufhin klapperte ich alle Spezialisten ab: wieder nichts! Aber woher kommt das dann? Ich kann mich gegen diese Anfälle nicht wehren. Auch wenn ich es mit aller Kraft versuche; die Panik kommt aus heiterem Himmel. Ich habe gehofft, dass es wieder von allein aufhört. Aber die Panikattacken werden eher schlimmer. Sie kommen immer öfter, und jedes Mal denke ich, das ist mein Ende.«

Es ist also eine wirklich gute Idee, dass Sie nun damit anfangen wollen, etwas gegen Ihre Panik zu unternehmen. So schwerwiegend die Panikstörung auch ist – sie lässt sich ebenso wie die anderen Angststörungen gut behandeln.

Generalisierte Angststörung – wenn alles zur Angst wird

»Generalisiert« heißt so viel wie »verallgemeinert«. Wenn Sie an einer generalisierten Angststörung leiden, werden Sie von vielerlei Sorgen und Ängsten, meist über alltägliche Dinge, geplagt. Nun macht sich natürlich fast jeder Mensch irgendwann einmal (auch unnötige) Sorgen. Bei einer generalisierten Angststörung sind diese jedoch besonders stark, nehmen einen großen Teil Ihres Lebens ein und dauern länger als sechs Monate an.

Bei einer generalisierten Angststörung haben Sie keine Kontrolle über Ihre Sorgen und befinden sich in einem andauernden Spannungszustand. Wahrscheinlich verfolgen Sie Ihre Ängste, Sorgen und negativen Gedanken bis in den Schlaf. Die meisten Betroffenen leiden daher unter Schlafstörungen und Nervosität – und diese Beschwerden führen sie dann in der Regel auch zum Arzt. Leider wird eine generalisierte Angststörung jedoch nur in einem Drittel aller Fälle vom Hausarzt erkannt. Wahrscheinlich wird der Arzt von »vegetativer Dystonie« sprechen (was auch nicht mehr heißt als »Nervosität«) und Schlaf- oder Beruhigungsmittel verschreiben. Auch wenn die Medikamente manchmal kurzfristig sinnvoll sein können, damit Sie wieder einmal richtig schlafen können oder überhaupt handlungsfähig werden – sie sind auf Dauer keine Lösung. Die Medikamente können die Angststörung nicht heilen – und es besteht die Gefahr, von den Tabletten abhängig zu werden. Wenn Sie solche Medikamente schon länger nehmen (über drei Wochen), sollten Sie unbedingt mit einem Fach-

FALLGESCHICHTE

Roswitha N. (51)

Reisekauffrau

»Ich bin oft ganz verzweifelt, wenn ich daran denke, was alles passieren kann. Was wird, wenn mein Mann seine Arbeitsstelle verliert? Ja, ich weiß, dass er eigentlich unabkömmlich in der Firma ist. Aber wer weiß das schon in der heutigen Zeit? Oder was, wenn jemand in unserer Familie schwer krank wird oder gar stirbt? Ich bin eigentlich immer nervös. Wenn mein Mann oder meine Tochter unterwegs sind, muss ich ständig daran denken, ob sie nicht einen Autounfall haben, und male mir das in den schrecklichsten Bildern aus. Ich habe für jeden von uns ein Handy gekauft, damit alle im Notfall erreichbar sind. Wenn meine Tochter einmal nicht pünktlich nach Hause kommt, denke ich gleich an eine Katastrophe. Wenn sie dann auch nicht auf ihrem Handy erreichbar ist, bin ich mir fast sicher, dass sie überfallen wurde oder etwas anderes Schlimmes passiert ist. Dann bekomme ich Herzrasen und Schwindelgefühle. Eigentlich bin ich ständig angespannt und gestresst. Abends kann ich nicht einschlafen oder ich wache mitten in der Nacht auf und all die Sorgen gehen mir erneut durch den Kopf. Morgens habe ich dann oft Kopfschmerzen, bin müde und unausgeschlafen. Deshalb nehme ich mittlerweile Schlaf- und Beruhigungsmittel. So weit ich zurückdenken kann, habe ich mich schon um alle und alles gesorgt.«

arzt darüber sprechen, wie Sie die Medikamente allmählich reduzieren können. Setzen Sie sie aber auf keinen Fall einfach von einem Tag auf den anderen in Eigenregie ab!

Mit einer Psychotherapie oder unserem Stufenprogramm (→ Seite 55 ff.) können Sie Ihre Sorgen in den Griff bekommen. Und das ist viel besser, als sich mit Medikamenten betäuben zu müssen.

Test:
Wie stark ist meine Angst?

Sie wissen, dass Sie unter Angst leiden. Und spätestens nachdem Sie die Beschreibung der verschiedenen Formen von Angststörungen gelesen haben, ist Ihnen wahrscheinlich auch klar, wie Ihre Angst einzuordnen ist – dafür brauchen Sie ganz gewiss keinen Test. Allerdings kommt es oft vor, dass sich jemand, der unter Angst leidet, fragt, ob seine Angst wirklich so schlimm ist, wie er denkt. Eigentlich zählt hier nur Ihr Gefühl, aber manchmal ist es auch gut, diesbezügliche Zweifel und Unsicherheit ganz ablegen zu können – und dabei kann Ihnen der folgende Test ein wenig helfen. Sie erfahren, wie stark Ihre Angst »objektiv« gesehen ist.

Wie auch immer das Ergebnis des Tests ausfällt: Es ist kein Anlass zu Verzweiflung. Wenn das Ergebnis »leichte Angststörung« lautet, heißt das nicht, dass Ihre Angst nebensächlich wäre – Sie haben dann lediglich mehr Sicherheit, dass Sie Ihre Angst mit dem Stufenprogramm in diesem Buch besiegen werden. Wenn das Ergebnis Ihr Gefühl bestätigt, dass Sie unter einer schweren Angststörung leiden, werden Sie nicht verzweifeln, wenn Sie vielleicht mit dem Selbsthilfeprogramm nicht allein zurechtkommen. Sie werden dann auch eher den notwendigen Schritt tun, professionelle Hilfe in Anspruch zu nehmen (mehr Information dazu, wie Sie einen guten Therapeuten finden erhalten Sie ab → Seite 138). So oder so, der Test bietet eine erste Orientierung. Er ist aber kein Diagnoseinstrument und ersetzt selbstverständlich nicht die genaue Diagnose eines Therapeuten. Nehmen Sie den Test als Hilfsmittel, sich etwas klarer über Ihre Angst zu werden. Denken Sie daran, dass dieser Test nur für Sie selbst ist.

Der Angstfragebogen

→ Beantworten Sie alle Fragen und seien Sie dabei aufrichtig mit sich selbst. Der Test ist nur für Sie. Kreuzen Sie einfach jeweils die Antwort an, die am ehesten auf Sie zutrifft.

Wie sehr belastet Sie Ihre Angst/Panik?	0 kaum	1 etwas	2 mittel	3 stark	5 sehr stark
Wie lange dauert es, bis Sie sich nach einem Angstanfall wieder gut fühlen?	0 wenige Min.	1 einige Min.	2 10–20 Min.	3 20–40 Min.	5 mehr als 40 Min.
Machen Sie sich wegen Ihrer Angst Sorgen um Ihre Zukunft?	0 nein	1 selten	2 manchmal	3 häufig	5 immer
Beeinträchtigt Sie die Angst in Ihrem Privatleben?	0 kaum	1 etwas	2 mittelmäßig	3 stark	5 sehr stark
Können Sie die Angst mit bestimmten Strategien kontrollieren?	0 ja	1 recht gut	2 ein wenig	3 kaum	5 nein
Spüren Sie Ihr Herz rasen, wenn Sie Angst haben?	0 nein	1 ein wenig	2 deutlich	3 stark	5 extrem
Haben Sie das Gefühl, dass Ihre Angst immer stärker wird?	0 nein	1 ich weiß nicht	2 ja, ein bisschen	3 ja	5 ja, viel schlimmer
Fürchten Sie, dass Sie verrückt werden?	0 nein	1 selten	2 manchmal	3 häufig	5 ja
Hat sich Ihre Angst auf andere Bereiche ausgeweitet?	0 nein	1 vielleicht	2 ein wenig	3 ja, auf einige	5 ja, auf immer mehr

Vermeiden Sie Situationen, in denen Sie glauben, dass Angst auftreten könnte?	0 nein	1 kaum	2 manchmal	3 wenn möglich	5 immer
Wird Ihnen während/nach einem Angstanfall übel oder bekommen Sie Magenbeschwerden?	0 nein	1 selten	2 manchmal	3 häufig	5 immer
Haben Sie bei Angstanfällen Todesangst?	0 nein	1 selten	2 manchmal	3 häufig	5 immer
Löst der bloße Gedanke an bestimmte Situationen bereits Angst aus?	0 nein	1 selten	2 manchmal	3 häufig	5 immer
Beeinträchtigt Sie die Angst in Ihrem Berufsleben?	0 kaum	1 etwas	2 mittel	3 stark	5 sehr stark
Fühlen Sie sich wegen Ihrer Angst minderwertig?	0 nein	1 kaum	2 ein wenig	3 spürbar	5 sehr stark
Haben Sie bei Angstanfällen das Gefühl, zu ersticken?	0 nein	1 selten	2 manchmal	3 häufig	5 immer
Fühlen Sie sich aufgrund Ihrer Angst zunehmend isoliert?	0 nein	1 kaum	2 ein wenig	3 spürbar	5 sehr stark
Haben Sie schon erfolglos versucht, etwas gegen Ihre Angst zu unternehmen (Therapie, Selbsthilfe)?	0 nein	1 ja, ohne-Anleitung	2 ja, Selbsthilfe-Buch	3 ja, in einer Therapie	5 ja, in mehreren Therapien
Haben Sie das Gefühl, bei Angst die Kontrolle zu verlieren?	0 nein	1 kaum	2 teilweise	3 oft	5 ja, völlig
Denken Sie, dass es höchste Zeit wird, etwas gegen Ihre Angst zu unternehmen?	0 nicht dringend	1 irgendwann	2 ich sollte etwas tun	3 ich muss jetzt etwas tun	5 ich muss unbedingt etwas tun

3

Die Test-Auswertung

Wenn Sie sämtliche Fragen beantwortet haben, zählen Sie die Punkte zusammen.

0 bis 20 Punkte: Leichte Angststörung

Im Gegensatz zu anderen Menschen, die unter Ängsten leiden, bestimmt Ihre Angststörung noch nicht Ihr ganzes Leben. Es ist sehr gut, dass Sie sich jetzt entschieden haben, etwas gegen Ihre Angst zu unternehmen. Sie haben die besten Chancen, mit dem Selbsthilfeprogramm in diesem Buch Ihre Angst zu überwinden und dabei viel für sich selbst zu lernen.

21 bis 30 Punkte: Mittelschwere Angststörung

Ihre Angst behindert Sie in mancher Hinsicht, zu sein, wer Sie gerne sein würden. Sie sollten sich nicht damit zufrieden geben, dass Sie trotz Ihrer Angst Ihr Leben bewältigen. Die Chancen stehen nicht schlecht, dass Sie mit dem Selbsthilfeprogramm in diesem Buch die Angst besiegen und den Weg in ein freieres Leben beschreiten. Lassen Sie sich nicht entmutigen, wenn Ihnen manche Übungen schwer fallen. Gehen Sie nicht zu schnell voran und achten Sie darauf, dass Sie die ersten Übungen ganz verinnerlichen, bevor Sie weitermachen. Wenn es Ihnen dennoch zu viel wird, zögern Sie nicht, professionelle Hilfe in Anspruch zu nehmen. Hinweise dazu finden Sie ab Seite 138.

31 bis 50 Punkte: Schwere Angststörung

Sie werden von Ihrer Angst ziemlich stark eingeschränkt. Ganz zu Recht haben Sie das Gefühl, dass Sie unbedingt etwas unternehmen sollten. Das Selbsthilfeprogramm ist ein guter Anfang. Gehen Sie ganz langsam vor und überspringen Sie nichts. Achten Sie darauf, dass Sie sich nicht überfordern. Wenn Sie spüren, dass Sie mit dem Programm nicht weiterkommen, ist das kein Grund aufzugeben – es ist nur ein Signal, dass Sie am besten mit der Hilfe eines qualifizierten Therapeuten fortfahren (Hinweise dazu finden Sie ab Seite 138). Aber auch in diesem Fall ist es hilfreich, wenn Sie sich mit den ersten Übungen beschäftigen, in denen Sie lernen, sich klare Ziele zu setzen, ein Mut-Tagebuch zu führen und Stress abzubauen (→ Seite 55 bis 76).

3

50 und mehr: Sehr schwere Angststörung

Auch ohne den Test wissen Sie, dass Angst Ihr Leben bestimmt. Das heißt aber nicht, dass das so bleiben muss. Nur: Sie müssen etwas dagegen unternehmen. Das Selbsthilfeprogramm wird Sie wahrscheinlich überfordern. Das ist aber kein Grund zu verzweifeln: Eine gezielte Therapie kann auch Sie aus Ihrer Angst führen. Hinweise darauf, wie Sie am besten vorgehen, um einen guten Therapeuten und eine sinnvolle Therapie zu finden, haben wir ab Seite 129 für Sie zusammengestellt. Wenn es Ihnen nicht zu viel wird, können Sie aber auch schon vor der Therapie etwas für sich tun, indem Sie lernen, wie Sie sich klare Ziele setzen und wie Sie Stress abbauen (→ Seite 55 bis 76).

4 Wie Sie die Angst besiegen

→ Gehen Sie mit uns einen Schritt nach dem anderen durch unser Stufenprogramm. Sie erfahren, wie Sie sich entspannen und den Stress reduzieren können, und Sie lernen Ihre »Angstmuster«, Ihre körperlichen, seelischen und gedanklichen Vorgänge näher kennen. Machen Sie die Übungen – sowohl mental als auch real –, soweit Sie es können, und erleben Sie, welche Fortschritte Sie machen.

Selbsthilfe: Möglichkeiten und Grenzen

Sie wissen nun – wenigstens theoretisch – wie Angst entsteht, welche Formen von Angststörungen es gibt und wie stark Ihre Angst ist. Nun geht es daran, die Theorie in die Praxis umzusetzen und Ihre Angst zu überwinden. Aber keine Sorge: Wir werden Sie nicht ins »kalte Wasser« werfen. Es geht ganz behutsam voran. Wir haben das Stufenprogramm so aufgebaut, dass Sie, selbst wenn Sie unter einer schweren Angststörung leiden, zumindest die ersten Schritte machen können und dabei die Angst reduzieren.

Dass Sie versuchen, sich selbstständig (mit Hilfe dieses »Wegweisers aus der Angst«) von Ihrer Angst zu befreien, hat einige Vorteile:

- Sie sind nicht an Termine gebunden.
- Es kommen keine Kosten auf Sie zu.
- Sie arbeiten aus eigener Kraft an sich – deshalb wird die Befriedigung umso größer sein, wenn Sie es schließlich geschafft haben.

Die Selbsthilfe kann sehr effektiv sein. Das gilt insbesondere dann, wenn Sie stark motiviert sind und sich Ziele setzen, die Sie beflügeln. Um diese beiden Punkte wird es zunächst gehen. Wenn Sie über ein gutes Vorstellungsvermögen verfügen und Ihre Angst nicht extrem stark ist, haben Sie die allerbesten Voraussetzungen, sich aus eigener Kraft daraus zu befreien.

Selbstverständlich hat die Selbsthilfe aber auch Grenzen. Manchmal ist die Angst so stark, dass schon die einfachsten Übungen ohne therapeutische Begleitung nicht durchführbar sind. Das ist keine Schande und keine Schwäche. Die Stärke, die Sie dann brauchen, besteht nur darin, sich das einzugestehen und professionelle Hilfe in Anspruch zu nehmen (Hinweise dazu finden Sie auf → Seite 138 ff.). Doch auch wenn Sie schon wissen, dass Sie eine Therapie machen wollen, können Sie mit den ersten Schritten unseres Stufenprogramms die therapeutische Arbeit beschleunigen und unterstützen.

Acht Erste-Hilfe-Regeln bei Angst

1. Sie müssen nicht perfekt sein! Das gilt nicht nur, wenn Sie unter Angst leiden, sondern immer. Nur dadurch, dass man Fehler macht, kann man lernen.
2. Angst ist normal und ungefährlich! Egal wie stark die Angst auch sein mag: Sie ist sehr unangenehm, aber nicht bedrohlich (gefährlich kann nur Ihr Verhalten in der Angst werden).
3. Die Angstreaktion lässt immer nach spätestens 30 Minuten von selbst nach! Weglaufen, kämpfen oder ablenken würden das Einsetzen der Anpassungs- und Erholungsreaktion nur unnötig hinauszögern.
4. Atmen Sie ruhig! Das Ausatmen sollte doppelt so lange wie das Einatmen dauern.
5. Richten Sie Ihre Aufmerksamkeit auf die Außenwelt! Was riechen, tasten, hören, sehen Sie dort? Ihre Körperempfindungen brauchen Sie nicht zu beobachten – die melden sich von selbst.
6. Richten Sie Ihre Aufmerksamkeit auf die Gegenwart! Was Sie in der Zukunft fürchten, geschieht nur in Ihrem Kopf!
7. Wenn der Angstanfall vorbei ist, machen Sie ruhig und langsam mit dem weiter, was Sie davor tun wollten! Lassen Sie sich nicht von der Angst zwingen, etwas anderes zu tun.
8. Nur wenn Angst auftritt, können Sie Ihre Angst besiegen! Wenn Sie dennoch geflohen sind oder sich abgelenkt haben, → Regel 1.

Schritt 1: Weg von der Angst – hin zum Glücklichsein

Um sich mit voller Kraft auf den Weg aus der Angst zu machen, ist die richtige Motivation das A und O. Sie wollen sich aus der Fessel der Angst befreien – gut, das ist die Grundmotivation. Doch das ist noch nicht genug. Sie haben mehr Kraft in sich, als Sie vielleicht glauben. Und diese Kraft können Sie aktivieren, indem Sie sich motivierende Ziele setzen. Darum wird es in diesem Abschnitt hauptsächlich gehen.

Fangen wir doch einfach einmal damit an, uns zu überlegen, welche Vor- und welche Nachteile es für Sie hat, Ihre Angst zu verlieren …

Alles hat Vor- und Nachteile – auch die Angst

Wenn Sie unter Angst leiden, werden Sie sich vielleicht erst einmal gar nicht vorstellen können, dass es auch Nachteile haben könnte, die Angst los zu sein. Damit Sie aber ohne zu zweifeln den Kampf gegen die Angst aufnehmen können, sollten Sie sich schon jetzt über alle Konsequenzen klar werden (→ Übersicht Seite 56).

Spiele des Verstandes

Der Verstand ist ein machtvolles Werkzeug. Er ermöglicht uns, Dinge zu verstehen und in Gedanken vorweg zu nehmen. So weit, so gut. Doch leider hilft uns der Verstand auch dabei, negative Vorstellungen zu verfestigen, und dazu gehören auch angstbeladene Vorstellungen.

Vor- und Nachteile der Befreiung aus der Angst

+ Ich werde mit meinen Problemen und meinem Alltag wieder allein fertig.

+ Ich kann mich wieder frei bewegen.

+ Es geht mir psychisch wieder gut, ich blicke mit Zuversicht und Freude in die Zukunft.

+ Meine Lebensqualität verbessert sich, ich kann wieder Sport treiben, ausgehen, Spaß am Leben haben.

+ Meine Partnerschaft ist entlastet, mein Partner findet mich wieder attraktiv.

+ Ich kann mich wieder auf meine Arbeit konzentrieren, bekomme dadurch Anerkennung und Bestätigung.

– Ich habe keinen Grund mehr, unangenehmen Situationen aus dem Weg zu gehen.

– Ich muss Zeit dafür aufwenden, die Angst zu überwinden.

– Ich erhalte nicht mehr so viel Zuwendung und Unterstützung, wenn ich nicht leide.

– Man erwartet mehr von mir, wenn ich nicht krank bin. Ich werde nicht mehr geschont.

– Ich muss mir neue, sinnvolle Ziele in meinem Leben suchen.

– Ich muss meine Probleme allein lösen und kann mich nicht mehr hinter meiner Angst verstecken.

– Mein Partner fühlt sich nicht mehr so unabkömmlich und ich bin öfter allein.

Vielleicht stimmen Sie einigen dieser Vor- und Nachteile zu. Versuchen Sie aber auf jeden Fall noch ein paar weitere zu finden, die auf Sie ganz persönlich zutreffen.

Warum tut er das? Der Verstand ist erst einmal neutral. Aber er steht im Dienst der Gefühle. Und eines unserer stärksten Gefühle ist das Bedürfnis nach Sicherheit. Der wichtigste Grund dafür, dass der Verstand Methoden entwickelt, die die Angst bestätigen, ist, dass er Veränderungen verhindern will. Die bekannte Angst ist für unser »Unterbewusstes« der Angst vor dem Unbekannten vorzuziehen. Die folgenden »Methoden« des Verstandes dienen dazu, uns die Motivation zur Veränderung zu nehmen:

- RATIONALISIEREN: Die Angst wird begründet. Es ist gefährlich, zu fliegen, da Flugzeuge ja tatsächlich abstürzen können. Die Angst, eine Rede zu halten, ist berechtigt, da man sich ja tatsächlich blamieren könnte. Das Merkmal des Rationalisierens ist, dem Gefühl der Angst den Anschein des Sinnvollen zu geben. Es ist dennoch nur der Anschein des Sinnvollen: Denn tatsächlich ist ja alles im Leben mit Unsicherheiten und Gefahren verbunden. Aber ebenso mit Genuss, Freude und Weiterentwicklung.
- BAGATELLISIEREN: Die Angst wird klein gemacht. Allerdings nicht in Wirklichkeit, sondern nur in der Vorstellung. Eine typische Aussage ist: »Die Angst ist lästig, aber so schlimm auch nicht. Anderen geht es viel schlechter.« Das Gefährliche am Bagatellisieren ist, dass es verhindert, sein Leben voll und ganz zu genießen, und stattdessen dazu führt, sich mit weniger »zufrieden« zu geben.
- HOFFEN: Die Hoffnung ist eine Tugend. Aber eine, die im Fall von Ängsten schädlich ist. Die Hoffnung will Sie vielleicht glauben machen, dass die Angst von selbst vergeht. Langjährige psychologische Untersuchungen zeigen jedoch, dass das leider nicht der Fall ist – Ängste neigen eher dazu, sich auszuweiten.

Vielleicht gibt es noch mehr. Aber alle diese Spiele des Verstandes haben eines gemeinsam: Sie versuchen, Sie daran zu hindern, etwas gegen die Angst zu unternehmen. Fallen Sie nicht darauf herein!

Ihr persönliches Mut-Tagebuch

Bevor Sie beginnen an Ihrer Angst zu arbeiten, sollten Sie ein persönliches Mut-Tagebuch anlegen, in dem Sie Ihre Fortschritte festhalten. Sie werden darin Ihre Angstgedanken, Ihre Angstgefühle, Ihre Empfindungen und Erfahrungen mit den Übungen sowie neue, positive Ideen, Gedanken und Gefühle aufzeichnen. Das Mut-Tagebuch ist ein wichtiges Hilfsmittel für den Weg aus der Angst – und gleichzeitig etwas, mit dem Sie Ihre Motivation stärken.

Es ist eine erstaunliche Tatsache, dass wir positive Dinge als mehr oder weniger gegeben hinnehmen und schnell vergessen. Ganz anders negative Erfahrungen: Sie prägen sich unserem Gedächtnis weitaus stärker ein. Das hat sogar einen gewissen biologischen Sinn. Negative Erfahrungen, die wir überlebt haben, müssen im Gedächtnis bewahrt werden, damit wir sie in Zukunft vermeiden können. Nun wirkt sich aber gerade das bei Angststörungen sehr negativ aus. Wir haben schon angesprochen, dass bei Menschen mit Angststörungen das Gedächtnis für negative Erfahrungen besonders gut ausgebildet ist.

Wenn Sie Ihr Mut-Tagebuch führen, erschaffen Sie sich ein »künstliches Gedächtnis«. Das wird später noch wichtig werden. Nachdem Sie das Stufenprogramm durchgearbeitet haben (oder einen Teil davon), wird sich Ihre Angststörung gebessert haben. Das Problem ist nur – und das wird Ihnen vielleicht schwer fallen zu glauben –, dass Sie möglicherweise anfangs nicht merken, dass es Ihnen besser geht! Wenn Sie es geschafft haben, sich vollkommen von Ihrer Angst zu befreien, ist das ja auch nicht schlimm. Aber wenn noch ein wenig Angst bleibt, werden Sie mit großer Wahrscheinlichkeit das Gefühl haben, dass sich nichts oder nur sehr wenig getan hat.

Mut-Tagebuch

Beschreiben Sie kurz Ihre Angst und schreiben Sie die Punktzahl, die Sie im Angsttest (→ Seite 48 ff.) erreicht haben, auf. Haben Sie bei einigen Dingen, die Sie bisher gelesen haben, das Gefühl gehabt, dass es genau auf Sie zutrifft? Hat es bestimmte Gedanken oder Gefühle bei Ihnen ausgelöst?

Dann können Sie Ihr »künstliches Gedächtnis«, das Mut-Tagebuch, heranziehen und vergleichen: Wie haben Sie sich früher gefühlt, und wie fühlen Sie sich jetzt. Und Sie werden überrascht sein! Wichtig: Notieren Sie bei allem, was Sie eintragen – Ideen, positive und negative Erlebnisse, Dinge, die Sie bei den Übungen erfahren – immer das Datum!

Wir werden immer wieder darauf hinweisen, wenn Sie etwas in Ihr Mut-Tagebuch eintragen sollten. Am besten, Sie fangen gleich damit an.

Wo stehe ich? – Bestandsaufnahme

Um zu sehen, an welcher Stelle des Angst-Kreislaufes Sie was tun können, ist es wichtig, dass Sie sich möglichst genau darüber im Klaren sind, wie Ihre Angst aussieht. Sicherlich erinnern Sie sich noch an den »Teufelskreis der Angst« (→ Seite 30). Wahrscheinlich haben Sie auch schon überlegt, wie er bei Ihnen aussieht. Falls nicht, holen Sie das jetzt mithilfe der folgenden Grafik nach. Überlegen Sie, welche ganz persönlichen Wahrnehmungen mit der Angst verbunden sind, welche Gedanken Ihnen dabei durch den Kopf gehen, wie Sie diese Gedanken gefühlsmäßig bewerten und wie Ihr Verhalten bei Angst aussieht.

Mut-Tagebuch

Notieren Sie in Ihr Mut-Tagebuch Ihre persönlichen Wahrnehmungen, Gedanken, Gefühle und Ihr Verhalten bei Angst. Wenn Sie schon Ideen haben, an welcher Stelle Sie etwas gegen die Angst tun könnten, schreiben Sie auch das auf.

Wohin will ich – Visionen und Ziele

Ihr Ziel ist, frei von Angst zu sein. Dieses Ziel ist jedoch viel zu allgemein. Was wollen Sie genau tun können? Wann? Welche Gefühle wollen Sie statt der Angst haben? Gut möglich, dass Sie das erst einmal für reine Wortklauberei halten. Warum soll es denn nötig sein, ein Ziel so genau zu definieren? Es geht Ihnen ja nicht um Definitionen, sondern darum, freier handeln und unbeschwerter leben zu können.

Wie sieht Ihr persönlicher Teufelskreis der Angst aus?

Schauen wir uns dazu erst einmal die zwei möglichen Motivationsformen an – die Fluchtmotivation und die Zielmotivation.

Ein extremes Beispiel dafür, dass eine Fluchtmotivation (oder »Weg von…«-Motivation) nicht ausreicht, ist die Flucht in Drogen, Alkohol oder Medikamente: Bis zu einem gewissen Grad gelingt damit ja tatsächlich die Flucht aus der unerträglichen Angst – von einer Verbesserung kann aber sicher nicht die Rede sein. Ein weiterer Nachteil der Fluchtmotivation: Sie muss das Unangenehme im Bewusstsein präsent halten. Wenn Sie also nur von der Angst weg wollen, wird gerade das die Angst aufrechterhalten. Es ist wie mit dem Witz: »Denken Sie fünf Minuten lang nicht an einen rosa Elefanten« … Zwar kann die Fluchtmotivation auch sehr sinnvoll sein – vor allem wenn es darum

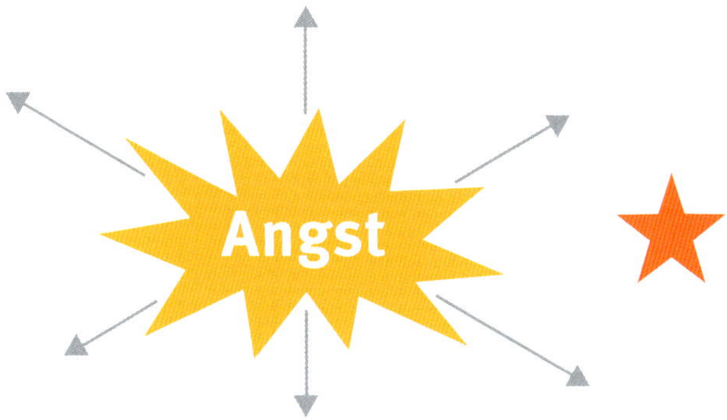

Fluchtmotivation: Vor Ihrer Angst fliehen zu wollen reicht auf Dauer nicht aus.

Zielmotivation: Gehen Sie Ihre Angst mit dem richtigen Ziel aktiv an – so werden Sie sie überwinden.

geht, überhaupt erst einmal etwas in Bewegung zu setzen –, aber sie bringt auch Probleme mit sich.

Mit der Zielmotivation (oder der »Hin zu ...«-Motivation) verhält es sich anders. Diese Motivation braucht nicht den Ausgangszustand (also die Angst) präsent zu halten – das Ziel steht im Mittelpunkt. So ein Ziel hat bestimmte Eigenschaften. Diese Eigenschaften wollen wir nun einmal genauer unter die Lupe nehmen.

Was ein gutes Ziel ausmacht

Wie sieht Ihr Ziel genau aus? »Genau« heißt:

- → IHR ZIEL MUSS KONKRET SEIN. Was genau wollen Sie tun können? Wenn Sie unter einer sozialen Angst leiden, könnten Sie sich beispielsweise als Ziel setzen: »Ich will eine Rede halten können.« Benennen Sie Ihr Ziel so konkret wie möglich, sonst wissen Sie nie, ob Sie es auch wirklich erreicht haben!
- → IHR ZIEL MUSS POSITIV FORMULIERT SEIN. Das heißt, es darf keine Negation enthalten. »Ich will keine Angst beim Sprechen haben« ist ein schlechtes Ziel, da Sie Ihre Aufmerksamkeit auf Angstgefühle richten müssen. Viel besser ist: »Ich will mich beim Sprechen wohl fühlen.«
- → IHR ZIEL SOLLTE KEINE VERGLEICHE ENTHALTEN. Schlecht wäre: »Ich will weniger zittern, wenn ich eine Rede halten muss.« Besser: »Ich will ganz gelassen sein, wenn ich eine Rede halte.«
- → IHR ZIEL SOLLTE EINEN BESTIMMTEN ZEITRAHMEN HABEN. Nur wenn Sie sich einen Zeitrahmen setzen, können Sie feststellen, ob Sie Ihr Ziel wirklich erreicht haben. »Ich will eine Rede halten und mich dabei wohl fühlen« ist schon ganz gut – aber wenn Sie es in fünf Jahren nicht erreicht haben, stimmt das immer noch. Besser: »In drei Monaten will ich auf dem Geburtstag meiner Schwester eine Rede halten und es genießen.« Jetzt haben Sie die Möglichkeit, zu überprüfen, ob Sie Ihr Ziel erreicht haben. Wenn nicht, ist das kein Beinbruch – setzen Sie sich ein neues Ziel. Aber Sie bleiben nicht im Ungewissen, sondern haben ein klares Kriterium dafür, ob Sie Ihr Ziel nun erreicht haben oder nicht.
- → IHR ZIEL MUSS DURCH EIGENES TUN ERREICHBAR SEIN. »In drei Monaten will ich, dass sich meine Angst von selbst aufgelöst hat« ist natürlich kein Ziel – ebenso wenig, wie ein Lottogewinn ein Ziel sein kann. Ein Traum, ein Wunsch, eine Hoffnung, aber eben kein

Ziel. Für ein echtes Ziel ist es wichtig, dass es den Weg dorthin beinhaltet. Also: »In drei Monaten will ich auf dem Geburtstag meiner Schwester eine Rede halten und es genießen. Dazu werde ich jeden Tag eine halbe Stunde die Übungen des Stufenprogramms durchführen.«

Angekommen!

Wenn Sie die obigen Punkte beachten, haben Sie Ihr Ziel schon ziemlich klar vor Augen. Bisher sind wir aber in der Gegenwart geblieben, von der wir in die Zukunft sehen. Jetzt wollen wir das Ziel aber einmal so betrachten, als wären wir bereits dort angelangt. Stellen Sie sich vor, Sie wären bereits an Ihrem Ziel angekommen.

- Was geschieht in diesem Augenblick? Um beim Beispiel der Rede zu bleiben, könnte das Folgendes sein: »Ich setze mich gerade hin und lächle. Die Zuhörer applaudieren.«
- Welche Gefühle haben Sie in diesem Augenblick? Beispielsweise: »Ich freue mich unglaublich, dass ich tatsächlich die Rede gehalten habe und es sogar genießen konnte. Ich bin stolz auf mich und es steigt ein warmes, äußerst angenehmes Gefühl in mir auf. Ich bin zufrieden.«
- Was nehmen Sie in diesem Augenblick wahr? Zum Beispiel: »Ich höre die Gläser klingen, höre, wie sich meine Tischnachbarn unterhalten; ich rieche das Essen; ich sehe die Kerzen …«
- Was hat sich in Ihrem Leben dadurch verändert, dass Sie Ihr Ziel erreicht haben?

Natürlich wird Ihr Verstand versuchen, Sie abzulenken. Er wird Ihnen sagen: Das kann ich ja gar nicht wissen! Das ist unrealistisch! Natürlich können Sie nicht in die Zukunft sehen. Aber Sie können sich ganz konkret vorstellen, wie es sein könnte! Und umso positiver, angenehmer und konkreter Sie diese Zielvorstellungen machen, desto mehr werden sie Sie motivieren – und Ihr »Unterbewusstes« wird versuchen, Ihre Ziele auch umzusetzen!

Vom ersten Schritt zur Vision

Eine »Vision« ist ein Idealziel, das jedoch nicht unbedingt erreichbar sein muss, sondern das – genau wie ein Leuchtturm in weiter Ferne – die Richtung anzeigt.

Wenn Sie unter Höhenangst leiden, wäre eine solche Vision vielleicht, Fallschirmspringen zu lernen und an einem Formationssprung teilzunehmen. Allerdings wäre es wenig hilfreich, wenn Sie sich das als Ziel setzen würden. Der Weg dorthin ist einfach zu weit und früher oder später würde Sie das nur demotivieren. Als Vision dagegen kann es helfen – sie zeigt Ihnen, was alles möglich wäre.

Manchmal ist aber auch ein realistischeres Ziel schon zu weit entfernt. Oben haben wir als Beispiel »eine Rede halten« genannt. Wenn Sie davor eine gewaltige Angst haben, kann das als Ziel schon zu viel sein. Ist das der Fall, teilen Sie es in kleine Schritte auf. Der erste dieser Schritte könnte beispielsweise darin bestehen, einen fremden Menschen auf der Straße anzusprechen oder mit der an der Kasse hinter Ihnen wartenden Person ein Gespräch zu beginnen. Das ist dann das aktuelle Ziel – das alle Eigenschaften eines guten, motivierenden Zieles haben sollte, wie wir es besprochen haben (→ Seite 62 f.). Haben Sie dieses Ziel erreicht, ist der nächste Schritt ein neues »Etappenziel« … Und so bewegen Sie sich Schritt für Schritt voran, immer mit einem Ziel vor Augen – und als fernes Leitziel Ihre Vision.

Sie haben nun ein realistisches, erreichbares Ziel und den Weg dorthin so klar wie es nur geht vor Augen. Wenn Sie sich nun wirklich motiviert fühlen, haben Sie diesen Abschnitt geschafft. Falls nicht, gehen Sie bitte die einzelnen Punkte noch einmal genau durch. Wo »hakt« es? Ein echtes Ziel ist immer eine starke Motivation!

Mut-Tagebuch

Schreiben Sie Ihre Vision auf. Wählen Sie unter Beachtung der entsprechenden Eigenschaften (→ Seite 62 f.) Ihr erstes Ziel und notieren Sie gegebenenfalls auch die darauf folgenden Teilziele – Sie können sie später jederzeit verändern, wenn Sie neue Erfahrungen gemacht haben.

Schritt 2: Entspann dich!

Stress spielt eine bedeutende Rolle bei Angststörungen. Sie haben ja schon erfahren, dass Stress nicht nur das Ergebnis, sondern auch ein wichtiger Auslöser für Angst ist (→ Seite 25). Und je höher Ihr persönlicher Stresspegel ist, desto weniger zusätzlicher Stress genügt, um eine Angstattacke auszulösen.

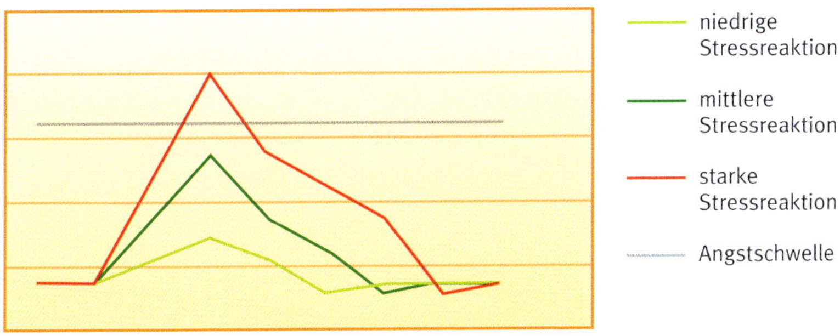

Je höher der Stress, desto stärker die Reaktion. Ab einer gewissen Grenze wird die Angstschwelle überschritten.

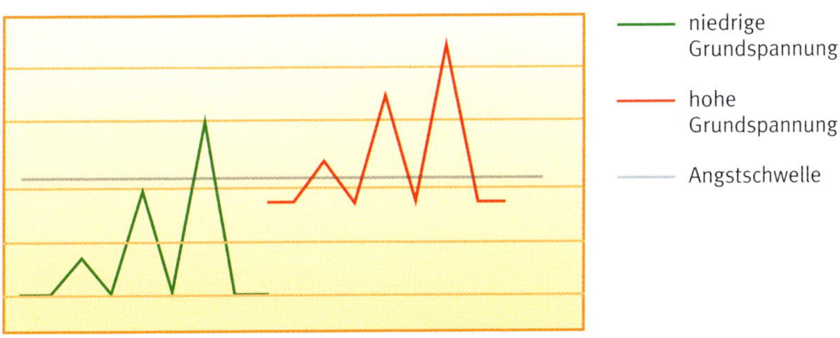

Je höher die Grundspannung, desto leichter führt Stress zu einer Reaktion, die die Angstschwelle überschreitet.

Sie sehen wahrscheinlich sofort, dass sich daraus zwei Möglichkeiten ergeben, Stress abzubauen – und damit die Angst zu schwächen:

→ SENKEN SIE IHR ALLGEMEINES STRESS- UND ERREGUNGSNIVEAU AB: Lernen Sie, sich gründlich zu entspannen, und achten Sie auf eine gesunde Lebensweise.

→ VERRINGERN SIE IHRE STRESSOREN: Erkennen und beeinflussen Sie Ihre persönlichen Belastungsfaktoren. Lernen Sie, Ihre Emotionen zu verstehen und mit ihnen umzugehen.

Im folgenden Abschnitt werden wir uns eingehend mit der ersten der beiden Möglichkeiten befassen.

Angst ist Anspannung

Es braucht Ihnen niemand zu erklären, dass Angst nicht gerade ein entspannter Zustand ist. Das haben Sie ja am eigenen Leib erfahren. Vielleicht haben Sie aber bisher angenommen, dass Sie sich nicht entspannen können, weil Sie Angst haben. Das stimmt sicher auch, ist aber nicht die ganze Wahrheit: Wenn Sie lernen, sich richtig zu entspannen, kann die Angst weniger stark wirken.

Stellen Sie sich vor, dass Ihre Belastungsfähigkeit ein Gefäß ist, das eine bestimmte Menge Stress problemlos aufnehmen kann. Je größer das »Gefäß«, desto mehr Stress kann es aufnehmen. Angst ist, »wenn das Fass überläuft«. Sie leben angstfrei, wenn Ihre Belastungsfähigkeit (»das Fass«) groß ist, wenn der Stress, der aktuell auf Sie einströmt gering ist oder wenn Sie den regelmäßig auftretenden Stress auf einem niedrigen Niveau halten.

Es gibt verschiedene Methoden, die helfen, ein allgemein hohes Erregungs- und Anspannungsniveau zu senken. Im Fernen Osten gibt es zum Beispiel eine lange Tradition von Übungen, die über die bloße Entspannung hinausgehen: Yoga, Taiji, Qigong, Zen-Meditation. Diese

Übungen sind sehr empfehlenswert – doch Sie benötigen einige Zeit und meist auch einen Lehrer, um sie zu lernen und sinnvoll einsetzen zu können. Auch das Autogene Training ist eine sehr wirksame Entspannungsmethode, die Sie aber ebenfalls am besten unter Anleitung lernen.

Es gibt jedoch auch eine Methode, die Sie ganz schnell selbst lernen können und die dennoch hochwirksam ist, um den Körper zu entspannen: Die so genannte »Progressive Muskelrelaxation« (PMR).

Mut-Tagebuch

Nehmen Sie sich vor und nach jeder Entspannungsübung ein paar Sekunden Zeit. Schreiben Sie »PMR« und dahinter eine Zahl von 0–100, die angibt, wie Sie sich gerade fühlen. Je gestresster und angespannter Sie sich fühlen, desto höher die Zahl. Nach der Übung schätzen Sie dann noch einmal Ihr Stressniveau ein.

Den Körper entspannen

Bei der PMR (das heißt: fortschreitende Muskelentspannung) wird insbesondere die motorische Ebene der Angst angesprochen. Wie Sie inzwischen wissen, bewirken Angst und Unruhe eine Anspannung, eventuell sogar eine Verkrampfung der Muskulatur. Indem Sie für ein niedriges Anspannungsniveau sorgen, entziehen Sie der Angst den Nährboden. Bei der PMR werden dazu verschiedene Muskelgruppen des Körpers nacheinander für einige Sekunden angespannt und anschließend wieder entspannt.

Progressive Muskelrelaxation

Das Prinzip der Progressiven Muskelrelaxation ist ganz einfach:

- Die Spannung wird jeweils 7 Sekunden lang gehalten.
- Der Muskel wird danach mindestens 10 Sekunden lang entspannt.
- Während der ganzen Übung lassen Sie Ihren Atem frei strömen, und zwar unbedingt auch während Sie die Muskeln anspannen!

Sie können diese Übung eigentlich überall, auch im Stehen oder Sitzen machen. Für den Anfang ist es jedoch am besten, wenn Sie im

Liegen üben – da fällt das Entspannen am leichtesten. Legen Sie sich auf den Rücken, schließen Sie die Augen. Gehen Sie nun nacheinander die verschiedenen Muskelgruppen Ihres Körpers durch, spannen Sie die entsprechenden Muskeln 7 Sekunden an und entspannen Sie sie dann wieder – mindestens 10 Sekunden lang, bevor Sie zur nächsten Muskelgruppe übergehen. Atmen Sie auch während der Spannung ganz ruhig weiter.

Beginnen Sie mit den Händen. Ballen Sie die Hände zu Fäusten – so fest wie möglich. Halten Sie dabei nicht den Atem an! Halten Sie die Spannung 7 Sekunden lang. Dann lassen Sie locker und spüren mindestens 10 Sekunden der Spannung nach. Spannen Sie nun die Oberarme an. Zuerst die Beugemuskeln, indem Sie den Arm anwinkeln – 7 Sekunden halten, 10 Sekunden entspannen. Dann die Streckmuskeln, indem Sie den Arm so stark wie möglich strecken – wiederum 7 Sekunden halten, 10 Sekunden entspannen.

Ebenso gehen Sie bei den Beinen vor. Die Füße spannen Sie an, indem Sie erst die Zehen nach oben ziehen – 7 Sekunden halten, 10 Sekunden entspannen. Dann »greifen« Sie mit den Zehen – 7 Sekunden halten, 10 Sekunden entspannen. Die Beinunterseite spannen Sie an, indem Sie die Beine leicht anwinkeln und die Fersen gegen den Boden drücken – 7 Sekunden halten, 10 Sekunden entspannen. Dann strecken Sie die Beine und schieben mit den Fersen nach vorn – 7 Sekunden halten, 10 Sekunden entspannen.

Spannen Sie jetzt Ihre Gesichtsmuskeln an. Machen Sie ein Gesicht, als würden Sie in eine Zitrone beißen – 7 Sekunden halten, 10 Sekunden entspannen. Dann reißen Sie Augen und Mund weit auf und strecken die Zunge heraus – 7 Sekunden halten, 10 Sekunden entspannen.

Nun kommen Schultern und Nacken dran. Ziehen Sie die Schultern so weit hoch, wie es geht – 7 Sekunden halten, 10 Sekunden entspannen. Danach spannen Sie den Bauch an. Dafür heben Sie die Beine leicht an – 7 Sekunden halten, 10 Sekunden entspannen.

Den Rücken spannen Sie an, indem Sie die Fersen gegen den Boden drücken – 7 Sekunden halten, 10 Sekunden entspannen.

Spannen Sie abschließend nun noch einmal alle Muskeln gleichzeitig an: Füße, Beine, Po, Rücken, Bauch, Brust, Hände, Arme, Schultern, Nacken und Gesicht. Atmen Sie dabei weiter und halten Sie die Spannung mindestens 7 Sekunden lang. Mit einem tiefen Ausatmen entspannen Sie den ganzen Körper dann wieder.

Beobachten Sie genau: Was spüren Sie beim Anspannen, wie fühlt es sich an? Und wie fühlt es sich an, wenn Sie wieder loslassen? Dieses Training ist ideal geeignet, den Unterschied zwischen An- und Entspannung spürbar zu machen. Das mag sich banal anhören, kann jedoch eine wichtige Erfahrung sein, da viele Menschen lange Zeit nicht merken, wie verspannt sie eigentlich sind. Erst wenn die Verspannungen schmerzen oder andere spürbare Folgeerscheinungen auftreten (zum Beispiel Spannungskopfschmerzen), kommen sie auf die Idee, etwas dagegen zu tun.

Im Übrigen können Sie die PMR auch gegen Schlafstörungen, Überarbeitung und Erschöpfung, Ärger oder Frust und bei Lampenfieber (etwa vor einer Prüfung) einsetzen.

Die Sekunden-Entspannung

Wenn Sie mit der PMR problemlos zurechtgekommen sind, können Sie die Übung beschleunigen – Sie können eine wirkliche Blitzentspannung lernen. Dazu ist es aber unbedingt nötig, dass Sie zunächst mit der PMR gelernt haben, sich vollkommen zu entspannen! Die Sekunden-Entspannung üben Sie am besten in drei Stufen:

1. Ballen Sie die Hände zu Fäusten, ziehen Sie das Gesicht zusammen, als würden Sie in eine Zitrone beißen, ziehen Sie die Schultern hoch und spannen Sie Ihre Bauchmuskeln an. Halten Sie den Atem an und zählen Sie bis drei. Dann lassen Sie locker und atmen durch den Mund aus. Üben Sie das, bis es problemlos funktioniert.

ACHTUNG

Bitte beachten Sie

→ Das Ziel der PMR besteht **nicht** darin, dass Sie diese Methode in einer akuten Angstsituation anwenden – das wäre nur eine Form der Vermeidung. Der Sinn von Entspannungsübungen liegt vielmehr in der Prävention. Das heißt, Sie üben, um Ihr allgemeines Stressniveau so zu reduzieren, dass nicht gleich durch jede Stresssituation eine Angstattacke ausgelöst wird. Wenn Sie unter Panikattacken leiden, kann die Entspannung möglicherweise Panik auslösen – weil Sie im entspannten Zustand Ihren Körper genauer wahrnehmen. Hören Sie deswegen aber nicht mit der Entspannungsübung auf, sondern üben Sie weiter – jeden Tag, wenn möglich mehrmals. Wenn Sie mit der PMR überhaupt nicht zurechtkommen, sollten Sie Taiji oder Qigong lernen – hier erfahren Sie die Entspannung in der Bewegung. Wenn Sie unter einer generalisierten Angststörung (→ Seite 45 f.) leiden, ist die Entspannung einer der wichtigsten Schritte, um die Angst zu besiegen!

2 Üben Sie genauso weiter – mit einem Unterschied: Denken Sie, unmittelbar bevor Sie die Muskeln anspannen, das Wort »Angst«. Beim Loslassen der Spannung und dem gleichzeitigen Ausatmen denken Sie das Wort »Ruhe«. Üben Sie, bis Sie auch diese Stufe meistern.

3 Als letzten Schritt üben Sie etwas, das Ihnen zunächst vielleicht etwas seltsam vorkommen wird: Gehen Sie wie bei Schritt 2 vor – aber spannen Sie die Muskeln nur noch in Gedanken an. Konzentrieren Sie sich ganz auf das folgende Ausatmen, Entspannen und auf »Ruhe«.

Versuchen Sie, die Anspannungsphase immer kürzer werden zu lassen, bis Sie blitzschnell entspannen können. Diese Übung funktioniert, weil Ihr Geist und Ihr Körper lernen, dass auf den Gedanken »Angst« Entspannung folgt. Wenn alles klappt, werden Sie sich schließlich entspannen, sobald Sie an Angst denken!

Die Seele entspannen

Natürlich können Sie Ihre Seele nicht wie einen Muskel an- und entspannen – aber Sie können lernen, auch seelische Anspannungen loszulassen. Der Weg dazu ist die Meditation.

Meditation ist nicht halb so geheimnisvoll, wie Sie möglicherweise gehört haben. Eigentlich ist sie nichts anderes als Konzentration. Nur eben eine Konzentration ohne Anspannung. Kinder, die so intensiv in ihr Spiel vertieft sind, dass sie ihre Mutter nicht hören, wenn sie gerufen werden, sind in einem Meditationszustand. Wenn Sie Ihre Aufmerksamkeit ganz und gar auf eine Sache richten, haben andere Dinge wie Angst – für die Dauer der Übung – keinen Raum mehr in Ihrem Geist. Das ist nicht nur eine erholsame Pause, wenn Sie unter Dauerstress stehen, sondern es durchbricht auch den Stresskreislauf.

Vielleicht haben Sie auch schon bei der PMR die Erfahrung gemacht, wie es ist, wenn die hektischen Gedanken einmal zur Ruhe kommen. Denn auch dabei haben Sie sich ja auf etwas konzentriert, nämlich auf das An- und Entspannen der Muskeln. Die folgende Methode macht es Ihnen aber noch leichter, sich für ein paar Minuten von Ihren kreisenden Gedanken zu lösen.

4

Ich bin ... Ruhe

Diese Übung ist denkbar einfach. Schließen Sie die Augen. Denken Sie beim Einatmen »Ich bin ...« und beim Ausatmen »... Ruhe«. Sprechen Sie die Worte innerlich. Das »Ruhe« sollten Sie dabei möglichst lang ziehen – mindestens doppelt so lang wie das »Ich bin«. Bleiben Sie einige Minuten lang bei dieser Übung und richten Sie Ihre Gedanken ganz auf die Worte. Wenn Sie immer wieder »Ich bin ... Ruhe« denken, werden Sie die Ruhe bald auch fühlen

Mut-Tagebuch

Schreiben Sie Ihre Erfahrungen – positive wie negative – mit der Ruhe-Meditation auf. Auch hier können Sie die Veränderungen festhalten, indem Sie Ihr Stressniveau vorher und nachher notieren.

können! Beenden Sie die Übung, indem Sie die Augen öffnen und sich wieder dem Alltag zuwenden.

Machen Sie diese Übung ein- oder zweimal am Tag. Aber nicht öfter. Die Übung hilft Ihnen, neue angstfreie Erfahrungen zu machen und Ihr Stressniveau zu senken. Doch wie auch bei der PMR gilt: Nutzen Sie die Übung nicht als Flucht oder Ablenkungstechnik in Angstsituationen! Das hält Ihre Angst nur am Leben.

Gesund und stressfrei leben!

Aus der Forschung wissen wir, dass Menschen, die unter Ängsten leiden, gewöhnlich nicht mehr äußeren Belastungen ausgesetzt sind als andere. Sie reagieren jedoch anders darauf. Sie sind empfindlicher, fühlen sich meist unsicher und leiden besonders unter dem Gefühl von mangelnder Kontrollmöglichkeit. Praxis und Forschung haben außerdem gezeigt, dass es bei Angstpatienten einige ganz typische Stressoren gibt:

- Das Streben nach Harmonie und möglichst uneingeschränkter Anerkennung. Die Betroffenen nehmen übertriebene Rücksicht auf andere, stellen sich und ihre Bedürfnisse zurück und gehen Konflikten aus dem Weg. Vielleicht tun Sie selbst das auch. Und auf den ersten Blick scheinen Sie damit ja durchaus Erfolg zu haben. Sie werden von anderen Menschen zunächst als angenehm und unkompliziert wahrgenommen. Doch es entgeht niemandem, dass Sie dabei eigentlich konfliktscheu und wenig durchsetzungsfähig sind. Ihren eigenen Standpunkt halten sie lieber zurück, als unangenehm aufzufallen oder die Harmonie zu gefährden. Mit diesem Verhalten setzen Sie sich langfristig unter Druck und machen sich selbst mehr Stress, als Sie ahnen.
- Generell leiden vor allem Panikpatienten unter großem Alltagsstress. Das ganze Leben ist von der Angst vor der Angst durchdrun-

gen. Interessanterweise löst der Stress die Panikattacken verzögert aus: Solange die Anspannung durch die täglichen Geschäfte auf einem hohen Niveau gehalten wird, wird die Panik unterdrückt. Die Panikattacken treten häufig erst in der abfallenden Stressphase, also am Wochenende oder im Urlaub, auf.

- Angstpatienten versuchen oft, alles zu kontrollieren. Wenn sie einen Kontrollverlust befürchten, sind sie übermäßig bemüht, eine entsprechende Situation beziehungsweise sich selbst und ihren Körper immer gut »im Griff« zu haben. Das kostet enorme Kraft und Energie – und verursacht zusätzlichen Stress.
- Auch Perfektionismus kann ein Stressfaktor sein. Manche Menschen stellen an sich so hohe Anforderungen, dass sie mitunter bis zur Erschöpfung arbeiten, um ihren eigenen Ansprüchen zu genügen. Dabei kann es sich um die aufopfernde Pflege eines Angehörigen ebenso handeln wie um ein übersteigertes Verantwortungsbewusstsein im Beruf, verbunden mit der Bereitschaft, ständige Überstunden und permanenten Termindruck in Kauf zu nehmen. Die Folge sind chronische Müdigkeit und Erschöpfung. In einem solchen Zustand genügt schon ein geringer akuter Stressor, um eine Angstattacke auszulösen. Denken Sie also daran: Sie müssen nicht perfekt sein!

Welches sind Ihre persönlichen Stressoren?

Um Ihre persönlichen akuten und chronischen Stressoren herauszufinden, nehmen Sie am besten Ihr Mut-Tagebuch zu Hilfe. So finden Sie am ehesten Ihre für Sie typischen Verhaltensmuster heraus, die Ihnen nicht gut tun. Listen Sie Ihre wichtigsten Stressoren auf und bringen Sie sie, in absteigender Bedeutung, in eine Rangfolge.

Mut-Tagebuch

Schreiben Sie alles, was Sie stresst, in Ihr Mut-Tagebuch. Wenn Sie eine Stresssituation bewältigt haben und sich danach besonders gut fühlen – tragen Sie auch das ein und markieren Sie es. Markieren Sie in Zukunft alle Dinge, die Sie weitergebracht haben, mit diesem Zeichen!

Wie Sie Stress begegnen können

Gewisse Stressfaktoren, vor allem Krankheiten oder bestimmte Lebensereignisse, lassen sich nicht immer vorhersehen. Daher sollten Sie absehbaren Belastungen und Stressoren umso wirksamer begegnen, indem Sie vorbeugend lernen, besser damit umzugehen. Die nachfolgenden Anti-Stress-Strategien helfen Ihnen dabei:

Anti-Stress-Strategien für den Alltag

- REDEN SIE! Die beste Stressverarbeitung ist immer noch das Gespräch. Sprechen Sie mit Ihrem Partner, Ihren Freunden oder mit sich selbst über belastende Ereignisse. Verschaffen Sie sich auf diese Weise emotionale Entlastung.
- ZÄHLEN SIE BIS FÜNF! Wenn Sie in eine Stresssituation geraten, reagieren Sie nicht blindlings, sondern holen Sie erst einmal tief Luft, zählen Sie bis fünf und denken Sie nach – dann erst handeln Sie.
- ZÖGERN SIE ENTSCHEIDUNGEN NICHT HINAUS! Wenn Sie Entscheidungen unnötig lange vor sich herschieben, lähmt Sie das. Es blockiert Ihre Energien und setzt Sie unter Stress.
- LASSEN SIE SICH NICHT VEREINNAHMEN! Wenn Sie eine neue Aufgabe annehmen, geben Sie dafür eine andere ab.
- DELEGIEREN SIE! Wägen Sie ab, ob eine Aufgabe wirklich wichtig ist, und wenn ja, ob Sie das unbedingt selbst erledigen müssen.
- VERMEIDEN SIE FREIZEITSTRESS! Auch hier gilt: Auf das richtige Maß kommt es an. Jeden Abend eine Verabredung wird irgendwann zu anstrengend. Sie verpassen bestimmt nichts, wenn Sie nicht überall mitmischen. Ziehen Sie sich zwischendurch ruhig einmal zurück und bleiben Sie für sich, statt vor sich selbst und Ihren Gedanken und Gefühlen davonzulaufen. So finden Sie Ihre innere Ruhe wieder.
- TRINKEN SIE REICHLICH WASSER! Schlacken im Körper sind nichts anderes als saure Ablagerungen, die Stress verursachen. Ent-

schlacken Sie Ihren Körper, indem Sie täglich zwei bis drei Liter Wasser trinken. Durch die Entsäuerung werden Sie widerstandsfähiger.

- MACHEN SIE PAUSEN! Auch unser Gehirn braucht Auszeiten. Legen Sie daher konsequent alle 90 Minuten eine Arbeitspause ein. Gönnen Sie sich auch öfter einmal einen Kurzurlaub übers Wochenende und planen Sie mindestens einen längeren Urlaub pro Jahr ein. Das füllt Ihre Energiereserven wieder auf und senkt Ihr allgemeines Anspannungsniveau.
- BEWEGEN SIE SICH! Sportliche Betätigung, insbesondere Ausdauersport, eignet sich hervorragend für den Stressabbau. Trainieren Sie am besten täglich eine halbe Stunde – und möglichst im Freien.

Mut-Tagebuch

Probieren Sie die verschiedenen Anti-Stress-Strategien aus und schreiben Sie auf – am besten versehen mit einer »Schulnote« – was Ihnen wie gut getan hat.

Gesundheit, Angst und Genuss

Der Zusammenhang zwischen Körper, Gefühlen und Denken ist bei Angstproblemen sehr wichtig. Das Körperliche wird dabei oft nicht beachtet – oder besser gesagt: nicht vernünftig beachtet. Angstpatienten spüren ihren Körper oft unangenehm, machen sich Sorgen um ihre Gesundheit – und verhalten sich dann doch unangemessen: Sie bewegen sich wenig, um sich zu schonen, sie versuchen, durch Alkohol oder Essen der Angst zu entfliehen, sie rauchen, um die Nervosität zu überspielen … Oder sie werden zu Gesundheitsfanatikern, die ihr Leben von Diät- und Verhaltensvorschriften bestimmen lassen. Angst und Misstrauen gegenüber dem eigenen Körper ist bei vielen Angstpatienten ein großes Problem, das durch ungesunde Lebensweise eher verstärkt und durch eine fanatische Haltung aufrechterhalten wird.

Es gibt Lebensweisen, die Angsterkrankungen eher unterstützen. Und es gibt Lebensweisen, die den Weg aus der Angst sinnvoll begleiten können. Einen ersten Überblick bietet Ihnen die folgende Tabelle.

AUF EINEN BLICK

Was Sie besser lassen	Aber so auch nicht	Am besten so
Rauchen verengt die Blutgefäße und kann zu unangenehmen Empfindungen führen, die dann Angst auslösen. Außerdem ist es tatsächlich höllisch ungesund!	Reden Sie sich nicht ein, dass Sie bei der nächsten Zigarette tot umfallen. Wenn Sie jetzt sofort das Rauchen aufgeben, ist das zwar gesünder, aber es bringt auch Missempfindungen mit sich.	Rauchen Sie möglichst etwas weniger und konzentrieren sich auf den Genuss, wenn Sie es tun. Flüchten Sie nicht vor rauchenden Mitmenschen – lassen Sie Ihr Leben nicht von anderen bestimmen!
Substanzen wie Alkohol scheinen die Angst zwar erst einmal geringer werden zu lassen – aber in Wirklichkeit betäuben sie nur. Außerdem lösen sie körperliche Reaktionen aus, die Ihnen große Angst machen können.	Werden Sie nicht gleich zum strikten Abstinenzler. Denn das ist gar nicht so gesund, wie manche Fanatiker behaupten: Kleine Mengen Alkohol sind sogar nachgewiesenermaßen ein Schutz gegen Herz- und Kreislaufprobleme.	Betäuben Sie sich nicht, sondern genießen Sie entspannt!
Wenn Sie sich »schonen« um Angst zu vermeiden, fördern Sie die Angst nur!	Alles in Maßen! Wer seinen Körper überanstrengt, lebt auch nicht länger, lieber oder gesünder!	Suchen Sie sich eine sportliche Betätigung, die Sie ein paar Stunden in der Woche ausüben. Quälen Sie sich nicht, sondern genießen Sie die Bewegung.
Glauben Sie, Sie könnten ohne drei Tassen starken Kaffee am Morgen nicht in die Gänge kommen? Glauben Sie sich kein Wort! Koffein macht zwar wach, aber kann auch Missempfindungen auslösen.	Verbannen Sie den Kaffee nicht völlig aus Ihrem Leben. Wenn Sie sich davor fürchten, Kaffee, Tee oder ein Glas Cola zu trinken, ist auch nichts gewonnen!	Wenn Sie Kaffee trinken, tun Sie es in Maßen. Eine Tasse am Morgen reicht. Tee ist besser – aber auch das sollte nicht gleich literweise sein. Cola enthält vor allem Zucker, und schon deshalb sollten Sie nicht übermäßig viel davon trinken.
Viel essen, fett essen, unregelmäßig essen, zu wenig essen. All das ist nicht gesund und kann den Körper schwächen – und anfälliger machen.	Wenn Sie nur nach strengen Diätvorschriften leben und jede Kalorie zählen, bereiten Sie nur den Boden für neue Ängste.	Genießen Sie bewusst, was Sie zu sich nehmen. So können Sie kaum etwas falsch machen. Dann werden Sie ohnehin Appetit auf Obst, Gemüse und andere gesunde, leckere Dinge haben.

Schritt 3: Machen Sie Bekanntschaft mit Ihrer Angst

Um Ihre Angst überwinden zu können, sollten Sie sie möglichst gut kennen. Einiges haben Sie ja schon in den »theoretischen« Kapiteln erfahren. Nun geht es uns aber um das, was Ihnen ganz praktisch helfen kann. Mit den Übungen, die Ihr Stressniveau senken, haben Sie bereits einen wichtigen Schritt gemacht. Aber Entspannung allein reicht noch nicht.

Möglicherweise meinen Sie, dass Sie Ihre Angst – leider! – nur zu gut kennen. Und was das gesamte »Angstbild« angeht, haben Sie sicherlich Recht. Doch wie ist Ihre Angst aufgebaut, wie sieht die »Anatomie« Ihrer Angst aus?

Die Sprache des Gehirns

Alles, was wir denken und fühlen, denken und fühlen wir in den Kategorien, die uns die Natur mitgegeben hat. Und das sind unsere Sinne. Etwas Un-Sinnliches können wir bestenfalls abstrakt, mit Worten oder Zahlen beschreiben. Alles andere – unsere Gefühle, unsere Gedanken, unsere Wünsche und unsere Ängste – ist aus den »Buchstaben« unserer Erfahrung zusammengesetzt.

Jeder unsere Sinne hat wiederum viele verschiedene »Submodalitäten« – immer hat das, was Sie sehen, Eigenschaften wie beispielsweise Farbigkeit oder Helligkeit. Und jede Submodalität kann wiederum viele verschiedene Ausprägungen haben. Um beim Sehen zu bleiben: Es kann rot oder grün sein, hell, strahlend oder matt.

Diese kleinsten »Sinnes-Atome« sind die Symbole, aus denen die »Programme des Gehirns« bestehen. Auch das »Angstprogramm«! Wollen wir uns dieses Programm genau ansehen und es »umprogrammieren«, sollten wir uns mit diesen kleinsten Bausteinen beschäftigen.

Ängstliche Einstellungen erkunden

Erinnern Sie sich noch an den »Teufelskreis der Angst« (→ Seite 30)? In Ihrem Mut-Tagebuch haben Sie dazu Ihre persönlichen Wahrnehmungen, Gedanken, Gefühle und Ihr Angstverhalten notiert. Sehen Sie sich dort noch einmal an, was Sie bei »Angstwahrnehmungen« und bei »Angstgedanken« aufgeschrieben haben.

Übertragen Sie nun die nebenstehende Tabelle in Ihr Mut-Tagebuch und versuchen Sie, die »Bausteine« dieser Wahrnehmungen und Gedanken herauszufinden: Welche Bilder, Geräusche oder Bewegungen sind damit verbunden? Versuchen Sie möglichst für jede Sinnesqualität (auf jeden Fall aber für die ersten drei!) etwas zu finden.

Mut-Tagebuch
Füllen Sie die Tabelle aus und schreiben Sie Ihre Überlegungen, Gedanken und Gefühle zu den markierten Stellen auf.

Vermutlich werden Sie feststellen, dass einige Sinne mehr mit der Angst zu tun haben, als andere. Markieren Sie diejenigen Dinge, die Sie am meisten mit Ihrer Angst verbinden.

Lernen Sie, Ihre Gefühle wahrzunehmen

Genauso wie schlimme Gedanken gibt es auch quälende Gefühle, die ständig wiederkehren, eine große Intensität haben oder einfach nicht aufhören wollen. Bei manchen dieser Gefühle wünschen Sie sich wahrscheinlich nur, dass Sie sie einfach nicht hätten – beispielsweise bei der Angst. Gefühle zu unterdrücken hilft Ihnen jedoch nicht weiter – es funktioniert auch kaum.

Die Bausteine Ihrer Angst und Wahrnehmungen

Ihre persönlichen Angstgedanken und Wahrnehmungen	»Wenn das Herz schneller schlägt, droht ein Infarkt.« (Beispiel)	
visuell (sehen)	Ich sehe mich am Boden liegen. Ich sehe, wie die Leute mich anstarren.	
akustisch (hören)	Ich höre mein Herz klopfen. Die Sirene des Notarztes.	
kinästhetisch (tasten, Bewegung)	Ich spüre mich auf dem Boden liegen. Ich spüre Schmerzen in der Brust.	
olfaktorisch (riechen)	Ich rieche die stickige Luft in der U-Bahn.	
gustatorisch (schmecken)	Ich schmecke den Staub.	

Wichtig und notwendig ist vielmehr, dass Sie Ihre Gefühle:

- wahrnehmen,
- zulassen,
- verstehen

und lernen, mit Ihren Gefühlen umzugehen. In der folgenden Tabelle finden Sie dazu eine Auswahl an Gefühlen. Vielleicht fallen Ihnen ja auch noch weitere ein.

Was sind meine Gefühle?

Unterstreichen Sie Gefühle, die zu Ihnen gehören – auch wenn sie Ihnen nicht gefallen. Versuchen Sie in sich hineinzuspüren:

AUF EINEN BLICK

Menschliche Gefühle

Freude	Traurigkeit	Angst	Ärger
Begeisterung	Verzweiflung	Anspannung	Wut
Heiterkeit	Sehnsucht	Nervosität	Missmut
Leidenschaft	Einsamkeit	Verlegenheit	Ungeduld
Zufriedenheit	Leere	Unsicherheit	Widerwille
Stolz	Langeweile	Unterlegenheit	Trotz
Selbstvertrauen	Enttäuschung	Scham	Hass
Gelassenheit	Kränkung	Schuldgefühl	Verachtung
Dankbarkeit	Mitgefühl	Sorge	Misstrauen
Vertrauen	Wehmut	Ekel	Neid
Liebe	Leiden	Schreck	Eifersucht

»Gehört dieses Gefühl zu meinem Wesen?« Wenn ja, unterstreichen Sie dieses Gefühl (auch jene, die Sie selbst ergänzt haben).

Wenn Sie alle Gefühle durchgegangen sind, betrachten Sie das Ergebnis. Fragen Sie sich: »Kann ich dieses Gefühl zeigen?« Wenn die Antwort »nein« ist, markieren Sie das Gefühl rot.

Mut-Tagebuch
Fertigen Sie zwei Listen: eine mit der Überschrift »Meine Gefühle, die ich nicht zeigen kann« und eine zweite mit der Überschrift »Gefühle, die ich zeigen kann«.

Welche Gefühle lehne ich ab?

Einige der Gefühle werden Ihnen vertraut vorkommen; nicht unbedingt angenehm, aber bekannt. Wahrscheinlich sind Sie aber auch auf Gefühle gestoßen, die Sie ablehnen. Natürlich mögen Sie das Gefühl »Angst« nicht – aber würden Sie es ablehnen ?

Mut-Tagebuch
Schreiben Sie eine Liste mit der Überschrift »Gefühle, die ich ablehne«.

Gefühle, die Sie ablehnen, werden Sie versuchen zu vermeiden. Wenn Sie ein solches Gefühl dennoch haben, lehnen Sie sich selbst dafür ab – ebenso wie andere Menschen, die dieses Gefühl haben. »Neid« oder »Hass« sind Beispiele dafür. Sehen Sie sich Ihre Einstellung zu verschiedenen Gefühlen an (→ Gefühlstabelle, links).

Die Farben der Gefühle

»So ein Unsinn! Gefühle haben doch keine Farbe!« denken Sie vielleicht – und haben natürlich recht damit. Aber nicht ganz. Erinnern Sie sich noch an das, was wir über die »Sinnes-Atome« gesagt haben (→ Seite 77 f.)? Auch unsere Gefühle bestehen aus diesen Bausteinen.

Machen Sie nun ein kleines Experiment mit uns. Übertragen Sie dafür die folgende Liste in Ihr Mut-Tagebuch. Schreiben Sie nun die Gefühle, die Sie für die letzte Übung aufgezeichnet haben, in die erste Zeile der folgenden Liste.

In den anderen Zeilen sehen Sie sinnliche Begriffe wie »Farbe«, »Klang«, »Form« usw. Die Begriffe stehen in Anführungszeichen, da Gefühle

4

Welche Farbe hat mein Gefühl?

Gefühl	Lust (Beispiel)	
»Farbe«	verschiedene Orangetöne	
»Klang«	Meeresrauschen	
»Form«	abgerundet	
»Struktur«	weich, nachgiebig	
»Helligkeit«	gedämpft	
»Temperatur«	warm	
»Geruch«	Wald im Frühling	
»Geschmack«	kräftig, angenehm scharf	

natürlich keine Farbe im eigentlichen Sinn haben. Doch wenn Sie in sich hineinspüren, sehen Sie, dass Sie mit einem Gefühl bestimmte Farben, Formen usw. eher in Verbindung bringen als mit anderen Farben oder Formen. Fragen Sie sich: Wenn das Gefühl eine Farbe hätte, welche wäre das dann? Diese sinnlichen Begriffe, die Sie für Ihre Gefühle finden, sind Ihre ganz persönliche Gestalt Ihres Gefühls.

Mut-Tagebuch

Schreiben Sie die sinnlichen Bausteine all jener Gefühle auf, von denen Sie meinen, dass sie mit Ihrer Angst zu tun haben.

In einer späteren Übung werden diese Dinge wichtig, um Ihre Angst zu verändern. Hier aber stellen Sie einfach nur fest – und lernen Ihre Gefühle von einer Seite kennen, die Ihnen bisher wahrscheinlich noch unbekannt war.

Wie Sie Gefühle zulassen können

Gefühle sind mehr als nur normale Reaktionen jedes Menschen: Gefühle gehören zum Menschsein. Wer sonst keine Gefühle empfinden kann, empfindet zumindest eines: innere Leere. Auch wenn Ihnen Gefühle (wie die Angst) unangenehm sind: Wenn Sie sie unterdrücken, behandeln Sie sich selbst nicht so, wie Sie es verdienen. Gehen Sie mit sich selbst liebevoll um! Dazu gehört auch, dass Sie Ihre Gefühle zulassen. Sie sind ein Ausdruck Ihrer Persönlichkeit.

Mut-Tagebuch

Malen Sie ein Bild von Ihrer Angst. Sie müssen dazu nicht gut zeichnen können. Das Bild ist nur für Sie selbst – ein Ausdruck Ihres Gefühls!

Gefühle haben immer auch zwei wichtige Funktionen:

- Gefühle sind Ausdruck. Das heißt, Sie kommunizieren durch Ihre Gefühle – sowohl mit anderen Menschen als auch mit sich selbst! Bei Angst bedeutet das, mitzuteilen, dass man Hilfe benötigt, weil man sich bedroht fühlt.
- Gefühle sind Befreiung. Gefühle dienen dazu, ein Gleichgewicht (wieder)herzustellen und innere Spannungen aufzulösen. Bei Angst

wird die Spannung, die durch eine (auch vorgestellte) Bedrohung entsteht, durch das Gefühl abgebaut – wenn es zugelassen wird!

Deshalb ist es so wichtig, Gefühle zuzulassen – das heißt, sie dafür da sein zu lassen, wofür sie nun einmal da sind.

Gefühle und Moral

Alle Gefühle gehören zur Natur des Menschen. Es gibt keine guten und schlechten Gefühle, nur angenehme und unangenehme. Das heißt, für jedes Gefühl gibt es Situationen, in denen es berechtigt und richtig ist. Eine Moral, die gewisse Gefühle verbietet, schadet uns daher nur. Sie verhindert, dass wir Gefühle zulassen und lernen, angemessen mit ihnen umzugehen.

> **Strenge** Moral vernichtet
> die **Kraft** des Geistes.
>
> [Luc de Clapier Vauvenargues | *französischer Schriftsteller*]

Lernen Sie, mit Ihren Gefühlen neu umzugehen

Es gibt ein paar Strategien, die es Ihnen erleichtern, mit bisher unterdrückten oder abgelehnten Gefühlen umzugehen:

→ **NEHMEN SIE IHRE GEFÜHLE GANZ BEWUSST WAHR.** Benennen Sie das Gefühl: »Ich spüre Ärger.« »Ich spüre Freude.« »Ich spüre Angst.« Vergegenwärtigen Sie sich in der Situation, was genau das Ärgerliche, das Freudige, das Bedrohliche ist.

→ **ACHTEN SIE DARAUF, WELCHER GEDANKE AUSDRUCK IHRES GEFÜHLS IST.** Formulieren Sie ihn in einem Satz und verleihen Sie Ihrem Gefühl dadurch Ausdruck. Lassen Sie weitere Gedanken zu und achten Sie auf zusätzliche Sätze, die aus diesem Gefühl heraus entstehen.

- ÄUSSERN SIE IHR GEFÜHL VERBAL. Sprechen Sie über Ihre Gefühle und werden Sie dabei konkret. Wenn Menschen Gefühle bei Ihnen auslösen, teilen Sie mit, welcher Verhaltensaspekt bei Ihnen welche Gedanken und Gefühle ausgelöst hat.
- SPRECHEN SIE ÜBER IHRE BEFÜRCHTUNGEN. Reden Sie darüber, was es Ihnen so schwer macht, Ihre Gefühle offen mitzuteilen.
- ÜBEN SIE, GEFÜHLE ANGEMESSEN AUSZUDRÜCKEN. Wenn Sie mit dem Sprechen über Ihre Gefühle schon gute Erfahrungen gemacht haben, können Sie auch noch einen Schritt weiter gehen: Zeigen Sie das Gefühl, wie es ist. Üben Sie, wenn Sie möchten erst einmal vor dem Spiegel »im stillen Kämmerlein«. Wenn Sie sich dabei reichlich theatralisch vorkommen, ist es genau richtig. Wer niemals Gefühle gezeigt hat, empfindet einen normalen Gefühlsausdruck immer als übertrieben. Wenn Sie Angst oder Schuldgefühle bekommen, bleiben Sie trotzdem dabei. Es macht nichts, wenn Sie beim ersten Mal übers Ziel hinausschießen. Mit der Zeit wird es immer besser gelingen, Ihre Gefühle auszudrücken.
- FOLGEN SIE IHREN GEFÜHLEN. Geben Sie dem Gefühl allmählich wieder seine ursprüngliche Funktion zurück, nämlich Sie zum Handeln zu bewegen. Gefühle werden problematisch, wenn Sie sich dem Gefühl entgegenstellen – beispielsweise wenn Sie sich bei Ärger zurückziehen oder bei Trauer aggressiv werden. Achten Sie auf die »Handlungsempfehlungen«, die Ihnen Ihre Gefühle geben!

Mut-Tagebuch

Schreiben Sie auf, wenn Ihnen bewusst geworden ist, dass Sie ein Gefühl angemessen ausgedrückt haben.

Möglicherweise haben Sie sich gefragt, warum es hier so allgemein um Gefühle geht, wenn es Ihnen doch nur um das Gefühl der Angst geht.

Der Grund dafür liegt darin, dass für Sie wahrscheinlich dieses eine, negative Gefühl so sehr im Vordergrund steht, dass Ihnen die ganze Spannbreite der Gefühle, die Sie haben, nicht wirklich klar ist.

Nachdem Sie sich nun intensiver mit Ihren Gefühlen beschäftigt haben, ist das anders. Und vielleicht hat sich noch etwas Wichtiges verändert: Sie können jetzt besser erkennen, dass Ihr Angstgefühl nicht isoliert ist, sondern mit anderen Gefühlen in Verbindung steht. Und diese Verbindungen wollen wir uns nun einmal ansehen.

Mind Map – Eine Landkarte der Angst

Sie haben bis hierher viel Zeit damit verbracht, Ihre Gedanken und Gefühle zu erkunden. Dabei kann man leicht schon mal den Überblick verlieren. Die Mind-Map-Übung hilft Ihnen, das große Ganze zu sehen – was hängt alles mit der Angst zusammen? Welche Gedanken, welche Gefühle, welche Sinneseindrücke, welche Erfahrungen, welche Menschen, welche Situationen?

»Mind Map« ist ein englischer Begriff, der nicht leicht zu übersetzen ist. »Mind« bedeutet Sinn, Geist, Seele und Verstand – und zwar all das zusammen. Mit »map« ist es leichter; es bedeutet in etwa »Landkarte«. Eine »Mind Map« ist also eine Art Landkarte des Geistes. Natürlich nicht des gesamten Geistes – so große Landkarten gibt es nicht. Es geht vielmehr darum, eine bestimmte Idee, ein Gefühl oder eine Vorstellung sinnlich erfahrbar darzustellen.

So wird's gemacht

Um eine Mind Map zu erstellen brauchen Sie:

- ein möglichst großes Blatt Papier
- bunte Stifte
- mindestens eine halbe Stunde Zeit

Sie beginnen mit dem Wort »Angst« (das Sie am besten in die Mitte des Blattes schreiben). Dann können Sie loslegen. Schreiben Sie, was immer Sie mit der Angst verbinden.

Zeichnen Sie zunächst, von dem zentralen Begriff »Angst« aus, die »Hauptzweige«. Jeder dieser Zweige führt zu etwas, das besonders wichtig für Sie ist und in einem engen Zusammenhang mit Ihrer Angst steht. Beispielsweise könnten von »Angst« Hauptzweige zu »U-Bahn«, »Fahrstuhl«, »Ohnmacht« und »Flucht« gehen. Am Ende jedes Astes sollte immer nur ein Begriff stehen. Von diesen Hauptzweigen gehen nun weitere Zweige aus. Diese Nebenzweige führen zu den Dingen, die mit den Bedeutungen der Hauptzweige zusammenhängen. So könnten beispielsweise vom Hauptzweig U-Bahn folgende Nebenzweige abgehen: »Enge«, »unterirdisch«, »Atemnot«, »Schwitzen«, »Menschenmenge« … Wieder endet jeder dieser Nebenzweige in einem Begriff. Auch die Nebenzweige können sich weiter verzweigen. Es können sich Verzweigungen von ganz verschiedenen Ästen treffen. Bringen Sie alles in Ihre Mind Map ein, was Ihnen einfällt – auch wenn die Assoziationen gar nicht mehr direkt mit der Angst zu tun haben.

Mut-Tagebuch

Machen Sie ein Foto von Ihrer Mind-Map und kleben Sie es in Ihr Mut-Tagebuch.

Gestalten Sie alles möglichst farbig, sodass Sie Zusammenhänge auf den ersten Blick erkennen. Zeichnen Sie bestimmte Dinge, die mit der Angst verbunden sind, wenn Sie möchten. Lassen Sie Ihrer Fantasie freien Lauf. Es gibt nur eine wirklich wichtige Regel: Das, was Sie schreiben, zeichnen, malen, unterstreichen, einkreisen, durchstreichen usw., sollte für Sie eine Bedeutung haben. Ob Ihre Angst-Mind-Map jemand anderem etwas sagt, ist völlig ohne Bedeutung. Sie klären für sich die Zusammenhänge – es geht um Ihre Gefühle, Ihre Assoziationen, Ihre inneren Bilder.

Schritt 4: Neue Sichtweisen erkunden

Sie wissen mittlerweile, dass Gedanken und Gefühle miteinander verbunden sind. Angstgedanken ziehen Angstgefühle nach sich. Während wir unsere Gedanken jedoch bis zu einem gewissen Grad direkt beeinflussen können, geht das mit den Gefühlen nicht. Deshalb wollen wir uns nun, bevor wir uns dem Kern der Angst, den Angstgefühlen, zuwenden, erst einmal mit den Gedanken beschäftigen, die mit der Angst zu tun haben.

Sie haben sich natürlich schon gedanklich mit der Angst beschäftigt – aber damit haben Sie Ihre Angst wahrscheinlich nur wenig, wenn überhaupt, reduzieren können. Mit Überlegungen, mit Wissen, mit Nachdenken können Sie Ihre Angst verstehen, Sie können auf der rationalen Ebene sehen, dass Ihre Befürchtungen nicht begründet sind und dass es sinnvoll ist, etwas gegen die Angst zu tun.

Hier wird es aber um die Gedanken gehen, die unwillkürlich auftauchen. Auch unser Denken unterliegt nicht völlig unserem Willen. Gedanken steigen auf und verschwinden wieder – nur Angstgedanken, Sorgen und Grübeleien sind erstaunlich beharrlich. Die folgenden Übungen helfen Ihnen, Angstgedanken zum Stillstand zu bringen, sie zu verändern und sie durch neue, positivere zu ersetzen.

Üben Sie den Gedanken-Stopp

Wenn Sie unter einem Angstproblem leiden, neigen Ihre Gedanken dazu, sich immer im Kreis zu drehen und Ihre Angst zu verstärken. Sie können aber tatsächlich üben »Stopp!« zu sagen.

Das klingt Ihnen wahrscheinlich erst einmal zu einfach. Doch die kognitive Verhaltenstherapie hat gezeigt, dass der »Gedanken-Stopp« tatsächlich eine wirksame Methode ist. Durchbrechen Sie den Kreislauf der Sorgen, des Grübelns und der Angstgedanken und machen Sie sich folgendes zur Gewohnheit: Sobald ein Gedanke auftaucht, der das Grübeln über die Angst zum Thema hat, sagen Sie innerlich »Stopp!«. Natürlich geben die Angstgedanken nicht so leicht nach und kommen sofort wieder. Sagen Sie »Stopp!«. Die Angstgedanken werden es erneut versuchen. Lassen Sie sich nicht beirren. Bleiben Sie dabei: »Stopp!«

Wahrscheinlich können Sie jetzt, beim Lesen, das Wort schon nicht mehr hören. Ihren Angstgedanken wird es genauso gehen – irgendwann wird es ihnen zu dumm und sie geben auf! Übrigens: Besonders hilfreich ist diese Methode, wenn Sorgen und Angstgedanken Sie am Einschlafen hindern.

Mit Helden-Worten die Angst beeinflussen

Wenn ängstliche Gedanken den Geist beherrschen, ist Angst unvermeidlich. Mit dem »Gedanken-Stopp« haben Sie schon feststellen können, dass es möglich ist, negativen Gedanken Einhalt zu gebieten. Es ist gut und wichtig, diese Erfahrung zu machen, dass Ihre Gedan-

Jeder **Gedanke**, der unseren Geist allein **beherrscht**, wird für uns zur **Wahrheit** und strebt danach, **Wirklichkeit** zu werden.

[Emile Coué | *Begründer der Autosuggestion*]

ken nicht völlig unabhängig von Ihrem Willen sind. Nun ist es aber fast noch leichter, unseren Geist bewusst mit positiven Gedanken – oder »Affirmationen« – zu beschäftigen. (Trotzdem ersetzt das nicht die Gedanken-Stopp-Übung!) Der »Vater der Autosuggestion« hat schon vor über hundert Jahren ganz genaue Anleitungen gegeben, wie Sie dabei am besten vorgehen.

Zunächst aber müssen wir darüber sprechen, wie »positive Gedanken« denn aussehen sollen. Für Sie ist der Gedanke »Ich habe keine Angst mehr, wenn ich mit der U-Bahn fahre« wahrscheinlich schon recht positiv. Es geht aber noch besser, wenn Sie ein paar Regeln beachten:

1. Keine Verneinungen (keine Angst)
2. Keine Vergleiche (keine Angst mehr)
3. Keine Verwendung des Problems (keine Angst mehr)
4. Kurz und prägnant

Wenn Sie sich jetzt noch einmal den obigen Satz ansehen, scheint er auf einmal gar nicht mehr so positiv! Ein paar gute Beispiele für positive Gedanken sind: In mir ist Mut! Ich bin frei und entspannt! Angst ist zwar sehr unangenehm, aber nicht gefährlich! Ich halte die Angst aus!

Mut-Tagebuch
Schreiben Sie Ihre persönlichen Formeln auf.

Das Wunderbare an dieser Methode: Sie verlangt von Ihnen keine Anstrengung, sondern, dass Sie sich nicht anstrengen!

Sicher ist Ihnen jetzt das Prinzip klar. Aber wie wenden Sie es an? Hier die versprochenen Anleitungen von Coué:

- Sprechen Sie Ihre positive Formel monoton, mechanisch und ohne die geringste Anstrengung.
- Sprechen Sie so laut, dass Sie sich gerade noch selbst hören können.
- Sprechen Sie Ihre Formel mindestens jeden Morgen gleich nach dem Aufwachen und jeden Abend vor dem Einschlafen 20-mal.

Von Ihren Einstellungen hängt viel ab!

Jeder Mensch hat seine persönliche Einstellung zum Leben und den Dingen, die es so mit sich bringt. Und jeder hat eine Einstellung dazu, welche Rolle er im großen Ganzen spielt. Diese Einstellungen haben wir von unseren Eltern, Lehrern, Vorbildern, Freunden sowie den Medien übernommen und aus unseren Erfahrungen gewonnen.

So selbstverständlich es ist, dass jeder seine ganz eigenen Einstellungen hat, so deutlich ist auch, dass es Einstellungen zum Leben und uns selbst gibt, die uns das Leben schwer machen, und solche, die uns ermutigen und wachsen lassen. In der Regel haben wir sowohl förderliche als auch hinderliche Einstellungen. Bei Menschen, die unter Ängsten oder Depressionen leiden, sind die hinderlichen Einstellungen allerdings etwas dominanter.

Mut-Tagebuch

Legen Sie eine Liste an, in der Sie Ihre persönlichen förderlichen und hinderlichen Einstellungen aufschreiben – und stellen Sie all Ihren förderlichen Einstellungen hinderliche gegenüber und umgekehrt.

4

Förderliche und hinderliche Einstellungen

+ Es gibt sicherlich einen Weg, die Angst loszuwerden.

− Ich bin eben ein Versager.

+ Ich habe bisher manche Dinge nicht optimal gemacht.

− Die Welt ist voller Dinge, die gefährlich sind – ich muss versuchen, mich davor zu schützen.

+ Alles ist vergänglich – also sollte ich, solange es da ist, das Beste daraus machen und es genießen.

− Gegen meine Angst kann ich nichts tun.

Förderliche Einstellungen führen zum Handeln, wo es zweckmäßig ist, und zu Gelassenheit, wo Handeln aussichtslos ist. Hinderliche Einstellungen unterbinden dagegen sinnvolles Handeln beziehungsweise führen zu sinnloser Aktivität.

Wie Sie hinderliche Einstellungen löschen

Aus der Liste, die Sie gerade geschrieben haben, suchen Sie sich nun diejenigen Einstellungen heraus, die für Sie am hinderlichsten sind. Wahrscheinlich ist das eine Einstellung, die Ihre Angst betrifft (falls nicht, arbeiten Sie dennoch mit der hinderlichsten Einstellung).

Zu der folgenden Übung müssen wir eine Vorwarnung geben: Die Übung wird Ihnen mit großer Wahrscheinlichkeit sehr einfach, aber auch sehr albern vorkommen. Lassen Sie sich davon nicht abhalten, die Übung wirklich durchzuführen!

Die ES-EL-Übung (Einstellung sprechen – Einstellung löschen)

1. DIE NEGATIVEN GEFÜHLE DER ÜBERZEUGUNG BETRACHTEN. Nehmen Sie Ihre negativste Überzeugung, die Sie am meisten einschränkt. Sprechen Sie die Überzeugung laut aus, und achten Sie auf die Gefühle, die das bei Ihnen auslöst.
2. EINEN »MUT-ANKER« AUSWERFEN. Suchen Sie nach einer Situation in Ihrem Leben, in der Sie sich wirklich gut gefühlt haben. Stellen Sie sich diese Situation so intensiv vor, wie Sie können. Wenn Sie spüren, dass positive Gefühle in Ihnen aufsteigen, verbinden Sie damit eine charakteristische, positive Bewegung – beispielsweise ballen Sie die Hand zur Faust, strecken Sie hoch und rufen »Ja!«. Wiederholen Sie diesen Vorgang ein paar Mal. Sie haben nun einen »Mut-Anker«: Die Bewegung und der Laut sind in den positiven Gefühlen verankert, sodass Sie sich mit Hilfe dieses »Ankers« schneller die Wohlfühl-Situation ins Gedächtnis rufen können.

3 **VERÄNDERN SIE DIE SPRECHWEISE.** Sie werden nun den Satz in fünf verschiedenen Sprechweisen laut sagen. Wiederholen Sie jede Aussage fünfmal. Dann werfen Sie Ihren »Mut-Anker« aus und versetzen sich in den »Wohlfühl-Zustand«.

Stufe 1: Sie sprechen mit ganz normaler Stimme.

Stufe 2: Sie sprechen den Satz schneller und mit tieferer Stimme. Dann werfen Sie den »Mut-Anker« aus.

Stufe 3: Sie sprechen den Satz langsamer und mit höherer Stimme. Dann werfen Sie den »Mut-Anker« aus.

Stufe 4: Sie sprechen den Satz ganz langsam und ganz tief, wie in Zeitlupe. Dann werfen Sie den »Mut-Anker« aus.

Stufe 5: Sie sprechen den Satz mit »Mickymaus-Stimme«, so schnell und so hoch wie möglich. Und werfen noch ein letztes Mal den »Mut-Anker« aus.

Bleiben Sie ein wenig in der Wohlfühlstimmung. Wenn Sie lachen müssen – wunderbar, lachen Sie!

4 **PRÜFEN SIE DIE VERÄNDERUNG.** Nehmen Sie sich die Einstellung nun noch einmal vor und sprechen Sie sie laut aus, mit ganz normaler Stimme. Welche Gefühle haben Sie jetzt dabei?

Wenn alles geklappt hat, wird der Satz (und damit die Einstellung) nun keine oder weitaus weniger negative Gefühle mit sich bringen. Es wird Ihnen schwerer fallen, eine Beziehung zwischen dem Satz und sich selbst herzustellen. Die hinderliche Einstellung hat zumindest einen Teil ihrer Macht über Sie verloren.

Das Bild und sein Rahmen

Bei der vorherigen Übung haben Sie der Einstellung einen »neuen Rahmen« gegeben. Die Einstellung stand vorher im Zusammenhang mit negativen Gefühlen, ernsthaften Problemen und Gedanken – der neue Rahmen waren positivere Gefühle und ein wenig Albernheit. Der Satz, der die Einstellung darstellt, ist derselbe geblieben, aber der Kontext hat sich verändert – so wie bei einem Bild, das in unterschiedlichen Rahmen ganz verschiedene Wirkungen erzielen kann.

Die ES-EL-Übung ist erstaunlich wirksam, wenn es darum geht, hinderliche Einstellungen zu löschen. Meist ist es jedoch auch sinnvoll, nicht nur die negativen Einstellungen aufzulösen, sondern etwas Positives an ihre Stelle zu setzen. Schließlich kann alles von mehreren Seiten aus betrachtet werden. Und es gibt immer einen Blickwinkel, von dem aus etwas besonders gut aussieht, und einen anderen, der dieselbe Sache schlecht aussehen lässt.

Der erste Schritt besteht also darin, uns erst einmal klarzumachen, dass es andere Blickwinkel gibt. Der zweite Schritt ist die Suche nach dem sinnvollsten Blickwinkel. Diesen dann nicht nur intellektuell, sondern auch emotional einzunehmen ist dann der dritte Schritt.

Neue Rahmen entdecken

Peter G. muss im Rahmen seiner Tätigkeit an der Universität oft Vorträge halten. Das fällt ihm jedoch sehr schwer. Alle möglichen Befürchtungen gehen ihm dabei durch den Kopf: Er könnte rot werden, die Studenten könnten ihn auslachen, möglicherweise wird er von den Zuhörern kritisiert usw. Viele Menschen kennen Lampenfieber. Auch Schauspieler, die jeden Tag auf der Bühne stehen. Die große Volksschauspielerin Ruth Drexel sagte einmal in einem Interview, dass sie jedes Mal vor einem neuen Stück »Todesängste ausstehe«. Aber sie geht dennoch auf die Bühne, weil es ihr gelingt, dem negativen Bild einen positiveren Rahmen zu geben.

Der »Rahmen«, in dem eine angstbeladene Tätigkeit steht, ist möglicherweise völlig unpassend. Er betont die Schwächen des Bildes. Man könnte rot werden, stottern ... Nur ist der Rahmen eben nicht das Bild, beziehungsweise bei Peter G. der Vortrag. Aber noch mehr: Die

Angst erscheint, bevor der Vortrag überhaupt gehalten wird. Wir suchen oft »Rahmen« für Bilder aus, die wir noch gar nicht gesehen haben! Mögliche »neue Rahmen« lassen das Bild des kommenden Vortrags hingegen in einem ganz anderen Licht erscheinen:

- Ich muss einen Vortrag halten? – Ich kann mich auf den nächsten Vortrag freuen. Da kann ich mein Anti-Angst-Training absolvieren!
- Ich könnte rot werden? – Hoffentlich werde ich ein wenig rot; das wirkt sympathisch und nimmt die Zuhörer für mich ein!
- Die Zuhörer könnten mich auslachen? – Wenn die Studenten lachen, habe ich schon gewonnen! Lachen erzeugt immer eine gute Atmosphäre und dann kann ich ganz locker und frei sprechen!
- Man könnte mich kritisieren? – Hoffentlich stimmen mir nicht alle zu! Das wäre ja wirklich langweilig.

Erscheint es Ihnen zu einfach und oberflächlich, einen neuen Rahmen für Ihr Angstbild zu suchen? Dass es einfach ist, ist doch erst einmal gut! Und tatsächlich ist es etwas oberflächlich und scheinbar nebensächlich – wie der Rahmen eines Bildes! Auch diese recht einfache Übung ist ein Baustein gegen die Angst.

Mut-Tagebuch
Stellen Sie Ihren »alten Rahmen« Ihre »neuen Rahmen« in einer Liste gegenüber.

Mit der Angst sprechen

Sie wollen die Angst loswerden – aber ein Teil von Ihnen sträubt sich dagegen? Dieser innere Konflikt ist nur schwer zu verstehen, wenn man die Einheit »Ich« betrachtet. Denn wer hat da mit wem einen Konflikt? Eine kleine Verschiebung der Betrachtungsweise kann hier mehr Verständnis schaffen.

Wir können die Motive, die uns bewegen, und die dazugehörigen Gedanken, Gefühle, Erinnerungen und Lernerfahrungen als »innere Teile« oder »innere Persönlichkeiten« betrachten. Dann könnten Sie es so sehen: Ein Teil, den Sie »Beschützer« nennen könnten, hat das Hauptmotiv, Sie vor Gefahren zu schützen – er ist die Quelle der Angst. Während ein anderer Teil, den Sie beispielsweise »Genießer« nennen, will, dass Sie nicht von Angstgefühlen gequält werden, sich wohl und sicher fühlen und Ihr Leben genießen können. Das Entscheidende aber ist, dass beide Teile eine positive Absicht haben. Jeder Teil von Ihnen will das Beste für Sie. Offensichtlich arbeiten die beiden Teile jedoch nicht optimal zusammen.

Die folgende Übung ist eine Art strukturiertes Selbstgespräch – ein innerer Dialog zwischen dem »Beschützer« und dem »Genießer«. Sie selbst sind in diesem inneren Gespräch der Moderator. Sie versuchen, möglichst neutral und objektiv zu bleiben und zu vermitteln.

Beschützer und Genießer – ein Dialog

An diesem Gespräch nehmen zwei innere Persönlichkeiten teil:

- »DER BESCHÜTZER«: Der Teil von Ihnen, der Angst produziert, weil er Sie vor Gefahren schützen will. Legen Sie immer dann, wenn Sie den Beschützer sprechen lassen, Ihre rechte Hand auf den Bauch (unterschiedliche »Anker« für die jeweiligen Persönlichkeiten machen es leichter, die Bewusstseinszustände voneinander zu trennen).
- »DER GENIESSER«: Der Teil von Ihnen, der das Leben selbstsicher genießen will. Legen Sie Ihre linke Hand auf das Herz, wenn der Genießer spricht.

Sie (als Moderator) beginnen damit, dem »Genießer« drei Fragen zu stellen. Nach jeder Frage legen Sie die Hand aufs Herz und horchen in sich hinein, welche Antworten Ihnen in den Sinn kommen. Sie lenken Ihre Aufmerksamkeit nur auf einen bestimmten Aspekt Ihrer Persönlichkeit (in diesem Fall auf den Aspekt, den wir hier »Genießer« nennen). Ihre Aufgabe als »Moderator« ist auch, dafür zu sorgen, dass der »Genießer« nicht vom »Beschützer« unterbrochen wird.

1. **WELCHE POSITIVE ABSICHT HAST DU?** Wir haben diese innere Persönlichkeit »Genießer« genannt und damit mögliche positive Absichten angesprochen. Es kann aber auch sein, dass Sie spüren, dass der Teil von Ihnen, der gegen die Angst ist, ganz andere positive Absichten hat. Horchen Sie in sich hinein. Vielleicht wollen Sie dieser inneren Persönlichkeit dann auch einen anderen Namen geben.
2. **KENNST DU DEN »BESCHÜTZER«?** Diese Frage klärt, ob dieser Aspekt Ihrer Persönlichkeit überhaupt weiß, dass es andere Teile innerhalb des Ganzen gibt. Geben Sie dem »Genießer« auch die Möglichkeit, seine Sichtweise des »Beschützers« darzustellen.
3. **KENNST DU DIE POSITIVE ABSICHT DES »BESCHÜTZERS«?** Hier klären Sie, ob dem »Genießer« klar ist, dass es auch andere positive Ziele geben kann als seine – und wie gut seine Vorstellungen davon sind.

Nachdem Sie Ihre Aufmerksamkeit ganz dem »Genießer«-Teil Ihrer Persönlichkeit gewidmet haben, konzentrieren Sie sich nun auf den »Beschützer«. Stellen Sie wieder die drei Fragen:

1. Welche positive Absicht hast du?
2. Kennst du den »Genießer«?
3. Kennst du die positive Absicht des »Genießers«?

Nun folgt der eigentliche Dialog zwischen Ihren beiden Persönlichkeitsteilen. Sie sind weiterhin der Moderator, der vermittelt, das Wort erteilt und (sehr sparsam!) Vorschläge macht, wie die positiven Absichten beider Persönlichkeiten verbunden werden könnten.

Natürlich sprechen dabei immer Sie selbst. Aber Sie sind eben mal ängstlich, manchmal mutig, manchmal traurig, manchmal fröhlich. Mithilfe dieser Übung erfahren Sie, wie Sie mit Ihren verschiedenen Möglichkeiten und Bedürfnissen Ihren ganz persönlichen Weg finden können, ohne gegen sich selbst zu kämpfen.

Schritt 5: Die Angst verwandeln

In diesem Abschnitt werden wir Sie dabei begleiten, wenn Sie sich in Ihrer Vorstellung Ihrer Angst stellen und sie dabei vielleicht schon zu einem großen Teil verwandeln können. Je intensiver Sie sich auf die folgenden Übungen einlassen, desto schneller werden Sie spüren, wie Ihre Angst nachlässt.

Die Übungen hängen jedoch in starkem Maße auch von Ihrer Vorstellungskraft ab. Die Fähigkeit, sich innere Bilder lebhaft ins Bewusstsein zu rufen, ist nicht bei jedem Menschen gleich stark ausgeprägt. Diese Fähigkeit kann aber, wie alle anderen Fähigkeiten des Menschen, geübt und trainiert werden. Wenn Sie also große Schwierigkeiten damit haben, sich Situationen bildlich vorzustellen, haben Sie zwei Möglichkeiten:

1. Sie bleiben so lange dabei, bis es klappt. Das hat den Vorteil, dass Sie ganz nebenher auch Ihre Wahrnehmung und Fantasie trainieren und sich in Ruhe auf die Angstübungen in realen Situationen vorbereiten können.
2. Sie wagen den Sprung ins kalte Wasser und gehen gleich zu den Konfrontationsübungen im nächsten Kapitel (→ Seite 106 ff.) über. Das hat den Vorteil, dass Sie schneller ans Ziel kommen.

Aus dem Angstbild ein Kraftbild machen

Blättern Sie noch einmal in Ihrem Mut-Tagebuch zu der Liste zurück, in der Sie Ihre Gefühle in »Sinnes-Atome« zerlegt haben. (→ Seite 77 f.) Gehen Sie nun alle Gefühle durch, die mit Ihrer Angst in Verbindung stehen. Beginnen Sie mit dem intensivsten Gefühl und versuchen Sie, sich dieses Gefühl mit all den »Eigenschaften«, die Sie ihm zugeordnet haben, zu vergegenwärtigen. Visualisieren Sie die »Farbe«, die »Form«, die »Struktur«… Wenn Sie dieses »multimediale Gefühlsbild« klar im Bewusstsein haben und das Gefühl dabei auch spüren können, beginnen Sie damit, minimale Veränderungen vorzunehmen.

Mut-Tagebuch

Ergänzen Sie Ihre Liste. Schreiben Sie (in einer anderen Farbe!) die »Negativ-Killer« auf – diejenigen sinnlichen Qualitäten, die negative Gefühle schwächen.

Experimentieren Sie. Sehen Sie, was geschieht, wenn Sie nur die »Farbe«, nur die »Form« oder nur den »Ton« verändern. Sie werden feststellen, dass sich einige Veränderungen des Bildes überhaupt nicht auf das Gefühl auswirken – aber auch, dass es »sensible Faktoren« gibt, die das Gefühl abschwächen. Versuchen Sie herauszufinden, was Ihre negativen Gefühle am meisten reduziert.

Wenn Sie alle negativen Gefühle auf diese Art und Weise durchgearbeitet und in Ihre Liste eingetragen haben, widmen Sie sich den positiven Gefühlen. Finden Sie heraus, welche sinnlichen Elemente am engsten mit dem »Positivfühlen« verbunden sind.

Mut-Tagebuch

Ergänzen Sie noch einmal Ihre Liste. Schreiben Sie (wieder in einer anderen Farbe!) die »Positiv-Verstärker« auf.

Kraftbilder malen

Nun schauen Sie sich die Liste nochmals an. Vielleicht können Sie bestimmte Gesetzmäßigkeiten entdecken. Es kann zum Beispiel sein, dass negative Gefühle bei Ihnen mit einer bestimmten Farbe oder Struktur zusammenhängen. Wenn Sie sich also eine angstgeladene Situation vorstellen und nur diese »Farbe«, »Struktur« usw. ändern, sollte die Angst bereits schwächer werden.

→ Wenn Sie auf einen solchen Zusammenhang stoßen, können Sie das für regelmäßige Visualisierungsübungen nutzen: Nehmen Sie sich immer wieder ein paar Minuten Zeit, um negative Situationen zu visualisieren und zu verändern.

Jeder Mensch hat ein **Bild** in sich,
was er **sein** und werden soll.
Solange er das noch **nicht** ist, ist noch
Unfrieden in seinen Gebeinen.

[Johann Gottfried von Herder, 1744 | *Philosoph und Dichter*]

- Sehen Sie sich dabei die negativen Empfindungen, mit all ihren »Sinnes-Atomen«, genau an. Trainieren Sie, die »Negativ-Killer« einzusetzen und damit die negativen Gefühle zu schwächen.
- Wenn die Angstgefühle dann schwächer werden, heben Sie das Niveau der positiven Gefühle, indem Sie die »Positiv-Verstärker« nutzen, um aus einem Angstbild ein Kraftbild zu machen.

Manche Menschen stellen sich ihre Angst zum Beispiel als rauen, dunklen, unangenehm heißen Felsen vor – wenn sie in ihrer Vorstellung diesen Felsen glatter, heller und kühler machen, verändert sich nicht nur das Bild, sondern ganz überraschend auch die Intensität und die Qualität der Angst.

Je mehr es Ihnen zur Gewohnheit wird, Angstbilder in Kraftbilder »umzufärben«, desto automatischer wird dieser Prozess – und schwächt dabei die Angst.

Das Kino der Fantasie

Wenn Sie gerne ins Kino gehen, wird Ihnen diese Übung sicherlich gefallen. Sie werden sich einen Film ansehen und sogar in einem Film die Hauptrolle übernehmen – wenn auch nur in Ihrer Vorstellung. Nehmen Sie sich genug Zeit für die »Kino-Übung«. Es ist wichtig, dass

Sie sich wirklich auf die Vorstellungen einlassen und sich die Bilder so intensiv wie nur irgend möglich vor Augen führen. Nur so werden die Gefühle aktiviert:

Stellen Sie sich einen Kinosaal vor, wo ein Film vorgeführt wird, in dem Sie die Hauptrolle spielen: Sie erleben gerade eine Angstsituation. Diesen Film sehen Sie sich im Kino Ihrer Fantasie an. Anfangs aber sitzen Sie nicht im Zuschauerraum, sondern im Vorführraum, in dem der Projektor steht – Sie sehen sich nicht den Film an, sondern Sie sehen sich, wie Sie im Zuschauerraum sitzen und den Film anschauen.

Zumindest diese erste Stufe dürfte für Sie gut machbar sein, selbst wenn Sie unter einer starken Angst leiden. Die Vorstellung enthält nichts, was Ihnen Angst machen könnte: Sie sehen nur jemandem zu, der einen Film ansieht.

Die Vorbereitung

Überlegen Sie sich eine Situation, in der die Angst auftritt. Stellen Sie sich jetzt aber nicht diese Situation vor, sondern stellen Sie nur fest, wann und wo Sie konkret mit Ihrer Angst konfrontiert wurden! Haben Sie eine solche Situation gefunden, suchen Sie sich einen Zeitpunkt, der möglichst kurz vor der Angstsituation liegt, zu dem Sie sich aber noch völlig sicher und wohl gefühlt haben. Schließen Sie die Augen, stellen Sie sich diesen Zeitpunkt so intensiv wie möglich vor und erleben Sie ihn mit all Ihren Sinnen. Nehmen Sie vor allem auch ganz bewusst das Gefühl der Sicherheit wahr. Wenn Sie dieses sichere Gefühl gut spüren, öffnen Sie die Augen und kehren Sie ganz ins Hier und Jetzt zurück.

Suchen Sie sich nun einen Zeitpunkt, der möglichst knapp hinter der Angstsituation liegt, zu dem Sie sich aber bereits wieder völlig sicher und wohl gefühlt haben. Schließen Sie wiederum die Augen, stellen Sie sich auch diese Situation ganz intensiv vor und erleben Sie bewusst das Gefühl der Sicherheit. Ist das Gefühl spürbar, öffnen Sie erneut die Augen und kehren ins Hier und Jetzt zurück.

Sie haben die Angstsituation nun in zwei klar definierten sicheren Zuständen eingebettet. Zwischen diesen Zuständen spielt sich der Angstfilm ab. Er hat also immer einen guten Anfang und ein Happy End.

Im Vorführraum

Sie wollen sich den Angstfilm zunächst möglicherweise gar nicht genauer ansehen. Und das müssen Sie in dieser ersten Phase auch nicht! Sie sollen erst einmal jemanden beobachten, der sich einen Schwarz-Weiß-Film über Ihre Angst ansieht. Sie stellen sich also vor, Sie sitzen im Vorführraum eines Kinos und blicken durch ein kleines Fenster in den Zuschauerraum, wo Sie jemanden sehen, der den Film betrachtet.

Sie haben ein Gerät in der Hand, mit dem Sie den Film vorwärts und rückwärts laufen lassen, die Größe verändern, ihn farbig oder schwarz-weiß zeigen und sogar die Filmmusik einstellen können. Der Film, der auf Ihr Zeichen hin beginnt, ist schwarz-weiß, läuft etwas zu schnell und ist mit einer beruhigenden oder lustigen Musik untermalt.

Wenn der Film beim Happy End angekommen ist, halten Sie den Film an. Versetzen Sie sich in diese Schlussszene hinein. Machen Sie die Farben kräftiger und achten Sie auf das Gefühl der Sicherheit. Dann lassen Sie den Film im Schnelldurchlauf (in wenigen Sekunden) rückwärts laufen, bis zur sicheren Situation vor der Angst.

Wiederholen Sie das Ganze ein paar Mal. Dabei lassen Sie den Film nach und nach farbig werden, ihn im normalen Tempo und im Originalton ablaufen. Wenn all das funktioniert, ohne dass bei Ihnen dabei unangenehme Gefühle auftauchen, gehen Sie nun in den Kinosaal.

Im Zuschauerraum

Sie sehen sich nun den Angstfilm an, in dem Sie die Hauptrolle spielen. Das Gerät, mit dem Sie den Film verändern können, haben Sie immer noch. Beim ersten Durchgang ist der Film ganz klein auf der Leinwand, schwarz-weiß, etwas zu schnell und mit angenehmer oder lustiger Musik untermalt. Sie lassen den Film ablaufen, bleiben dann beim »Happy End« stehen und versetzen sich in die Wohlfühlsituation. Dann spulen Sie den Film zurück.

Bei jedem Durchgang machen Sie den Film etwas realistischer: Sie vergrößern das Bild, geben Farbe dazu, lassen das Tempo normal werden und fügen schließlich den Originalton hinzu. Immer wenn Sie einen Durchgang ohne jedes Angstgefühl erlebt haben, verändern Sie etwas – wenn Sie doch etwas Angst gespürt haben, wiederholen Sie diesen Schritt.

Wenn es Ihnen schließlich gelingt, den großen, farbigen Film mit Originalton unbeschwert und angstfrei anzusehen, haben Sie schon eine ganze Menge geschafft und sind bereit für die nächste Stufe. Sie steigen jetzt in den Film ein und erleben ihn aus Ihrer Perspektive – nicht nur als Zuschauer.

Die Rolle Ihres Lebens

Im Prinzip machen Sie genau das Gleiche wie bei den beiden vorausgegangenen Stufen – nur erleben Sie diesmal alles und sehen nicht nur zu. Ansonsten bleibt das Vorgehen identisch: Sie steigern sich von einem Zeitrafferfilm in Schwarz-Weiß zu einem Kinofilm in Hollywood-Qualität. Wenn Ihnen auch das schließlich mit positiven Gefühlen möglich ist, haben Sie offensichtlich einen Teil Ihrer Angst verloren!

All das hat sich in Ihrer Vorstellung abgespielt, was aber nicht bedeutet, dass es nicht wirksam wäre – wie wirksam diese Übung ist, hängt vor allem davon ab, wie intensiv Sie die Vorstellungen mitgemacht und geübt haben und ob Sie sich wirklich ganz darauf einlassen konnten.

Konnten Sie in Ihrer Vorstellung die Situation, in der Sie sonst Angst hatten, tatsächlich unbeschwert und angstfrei erleben, dann gibt es eigentlich keinen Grund mehr, wieso Ihr Unterbewusstsein ein Angstsignal senden sollte, wenn Sie die Situation nun wirklich erleben.

Doch bevor wir daran gehen, gibt es noch eine kleine Pause mit einer Übung, die entspannender ist.

4

Die Haltung der Mutigen

Die Angst steckt in unserem Körper. Das heißt, dass bei Angst nicht nur bestimmte physiologische Veränderungen zu beobachten sind. Sicherlich ist Ihnen schon oft aufgefallen, wie deutlich sich manche Gefühle in der Haltung spiegeln. Deshalb haben wir Redewendungen wie »vom Gram gebeugt« für jemanden, der trauert, oder »ein aufrechter Mensch« für eine Person, die selbstbewusst und wahrhaftig ist. Innere und äußere Haltung hängen miteinander zusammen.

Natürlich, Stimmungen zeigen sich in unserer äußeren Haltung. Doch das Spannende ist, es geht auch umgekehrt: Durch unsere Körperhaltung können wir bis zu einem gewissen Grad Gefühle verändern.

> Der Körper ist der **Übersetzer** der **Seele** ins Sichtbare.
>
> [Christian Morgenstern | *deutscher Dichter*]

So finden Sie Ihre Muthaltung

Rufen Sie sich eine Situation ins Bewusstsein, in der Sie glücklich (oder zumindest froh) waren. Versuchen Sie das gute Gefühl möglichst deutlich zu spüren. Wahrscheinlich haben Sie sich dabei ein wenig aufgerichtet, sind ein wenig entspannter und Ihr Atem ist tiefer. Betonen Sie das noch weiter: Entspannen Sie den Bauch, die Augen, die Stirn, heben Sie den Kopf, den Blick, die Augenbrauen und die Mundwinkel, nehmen Sie die Schultern zurück und atmen Sie einige Male tief ein und aus. Wenn Sie möchten, können Sie auch die Arme ausbreiten oder etwas anderes tun, was das positive Gefühl der Muthaltung noch verstärkt. Verlassen Sie die Muthaltung und kehren Sie ganz ins Hier und Jetzt zurück.

Wiederholen Sie das einige Male. Gehen Sie immer wieder in die Muthaltung und kehren Sie anschließend wieder in den »Normalzustand« zurück.

Die Haltung verwandeln

Nachdem Sie nun schon Mut in Ihrer Haltung ausdrücken konnten, wird es Ihnen sicherlich leicht fallen, das Gegenteil zu tun. Rufen Sie sich eine Angstsituation ins Bewusstsein und spüren Sie dem Angstgefühl nach. Versuchen Sie, eine Körperhaltung zu finden, die dieses Gefühl ausdrückt. Überlegen Sie nicht lange – folgen Sie einfach Ihrem Gefühl und Ihrem Körper. Manchmal ist diese Haltung ein Zusammenkauern, eine schützende Geste mit den Händen vor dem Gesicht oder eine abgewandte, fluchtbereite Stellung. Suchen Sie, was am besten zu Ihren Gefühlen passt.

Nun aber wird es wirklich interessant: Verändern Sie – ganz langsam, Schritt für Schritt – Ihre Angsthaltung in die Muthaltung. Die Veränderung sollte wie in Zeitlupe ablaufen. Beobachten Sie, wann sich Ihre Gefühle verändern und auf welche Art und Weise sie sich verändern. Sind Sie dort angekommen, spüren Sie den positiven Gefühlen ein wenig nach. Dann entspannen Sie sich, nehmen keinen Einfluss mehr und kehren zurück in eine »normale«, neutrale Haltung.

Wiederholen Sie den Wechsel zwischen Angst- und Muthaltung immer wieder. Verändern Sie dabei die Geschwindigkeit. Entwickeln Sie einen Reflex, der die Angsthaltung automatisch in die Muthaltung verwandelt – und Sie vertreiben die Angst aus Ihrem Körper.

TIPP

Testen Sie die Muthaltung

→ Wahrscheinlich werden Sie sofort spüren, dass die Mut-Haltung mit positiven Gefühlen verbunden ist. Sie können das testen, indem Sie versuchen, in dieser Haltung negative Gedanken und Gefühle zu wecken – ohne die Haltung dabei zu verändern. Wahrscheinlich werden Sie dazu nur mit großer Anstrengung in der Lage sein!

Schritt 6: Der Angst begegnen

Sie haben in den Übungen, die Sie bisher durchgeführt haben, fast alles geschafft: Sie haben an Ihren Einstellungen gearbeitet, an den Gedanken, die zur Angst führten, und an den inneren Bildern, die die Angst auslösten. In Ihrer Vorstellung haben Sie die Angst schon überwinden können. Jetzt geht es daran, die Angst wirklich aus Ihrem Leben zu verbannen. Dazu müssen Sie sich Ihrer Angst stellen. Und zwar in der Realität.

Diese Form der Übung heißt Konfrontations- oder Expositionstechnik. Die Konfrontation mit der Angst ist in den meisten Fällen die effektivste und erfolgreichste Methode der Angstbewältigung. (Wenn Sie die Auslöser Ihrer Angst nicht kennen oder wenn die Angst so beschaffen ist, dass Sie die Angstsituation nicht sinnvoll herbeiführen können – wie bei Angst vor Arbeitslosigkeit –, ist eine Konfrontation natürlich nicht möglich. Sie haben jedoch andere Möglichkeiten: Arbeiten Sie besonders intensiv mit den Körper- und den Fantasieübungen.)

Goethes Turm

Der große Dichter, Denker und Naturforscher Johann Wolfgang von Goethe (1749–1832) litt eine Zeit lang an Höhenangst, die ihm bei seinen Wanderungen überaus lästig war. Schließlich überwand er seine Angst mit einer Art Konfrontationstherapie. Er zwang sich dazu, »den höchsten Gipfel des Münsterturms« hinaufzusteigen: »Dergleichen Angst und Qual wiederholte ich so oft, bis der Eindruck mir ganz gleichgültig ward.« Goethe folgte dabei dem Prinzip, das heute wissenschaftlich fundiert genutzt wird: Er blieb so lange in der Situation, bis die Angstreaktion nachließ.

Natürlich gelingt das nicht immer so einfach in Eigenregie, gerade dann, wenn die Angst größer ist als bei Herrn Goethe. Doch wenn Sie es nicht, wie Goethe, mit der Selbsttherapie schaffen, dann auf jeden Fall mit Hilfe eines Therapeuten.

Zwei Möglichkeiten: Für Mutige und Vorsichtige

Sie haben zwei Möglichkeiten: den Sprung ins kalte Wasser mit der massierten Konfrontation oder das langsamere Vorgehen mit der gestuften Konfrontation.

Bei der gestuften Konfrontation gehen Sie schrittweise vor. Sie beginnen mit einer Übung, die nur ganz leichte Angst hervorruft, und arbeiten sich dann stufenweise weiter bis zur schwierigsten Übung, die maximale Angst auslöst. Sie bestimmen, wann Sie sich welche Übung vornehmen wollen und welche Angstintensität Sie zu erleben bereit sind. Das hat natürlich einen Vorteil: Sie werden die Übung weniger anstrengend finden und sich nicht so schnell überfordert fühlen. Und Sie haben auf Ihrem Weg schnell Erfolgserlebnisse. Problematisch ist nur, dass die Methode Erwartungsängste schüren kann. Sie meistern eine leichte Situation, freuen sich natürlich und sind stolz – aber Sie wissen auch, dass das nur die Spitze des Eisberges war. Schwierigere Übungen warten noch auf Sie. Sie könnten den Eindruck bekommen, dass es sich um einen Schrecken ohne Ende handelt. Sie brauchen mehr Zeit und mehr Geduld.

Bei der massierten Konfrontation beginnen Sie sofort mit Ihrer schwierigsten Übung – mit der Situation, welche die größte Angst hervorruft. Sie konfrontieren sich in kurzer Zeit mit allen Angstsituationen. Die Botschaft lautet: »Nur zu! Angst ist ungefährlich!« Der Vorteil der massierten Konfrontation ist ihre große Wirksamkeit und ihre Schnelligkeit. Stellen Sie sich vor, schon am ersten Übungstag haben Sie Ihre schlimmsten Situationen immer und immer wieder bewältigt. Wie geht es Ihnen dann am Abend? Die meisten Betroffenen sagen: »Ich bin zwar fix und fertig, aber stolz, das geschafft zu haben. Jetzt kann mir nicht mehr viel passieren.«

Allerdings gibt es auch Nachteile: Wenn Sie sich zu viel vorgenommen haben und die Konfrontation abbrechen, bevor die Angst deutlich gesunken ist, haben Sie ein Misserfolgserlebnis, das Ihre Angst aufrechterhalten kann. Sie sollten sich für die massierte Konfrontation also nur dann entscheiden, wenn Sie sich sicher sind, dass Sie diese Situation auch tatsächlich bewältigen können, und sich fest vornehmen die Übung nicht abzubrechen.

Manchmal ist die massierte Konfrontation allerdings nicht angezeigt. Das gilt vor allem dann, wenn medizinische Gründe dagegen sprechen, wenn die Situationen tatsächlich mit einer objektiven Gefahr für Sie, aber auch andere verbunden sind (zum Beispiel beim Autofahren auf der Autobahn), oder wenn Sie die Übungssituationen nicht überschauen können (zum Beispiel im Umgang mit Tieren, deren Reaktionen Sie nur schwer einschätzen können).

Wie die Konfrontationsübungen gelingen

Sie selbst entscheiden, welchen Weg Sie gehen möchten. Wenn Sie alle Übungen bisher ohne größere Schwierigkeiten durchführen konnten, ist es sicherlich sinnvoller, dass Sie sich gleich an die massierte Konfrontation machen. Warum sollten Sie sich nicht endlich ganz von Ihrer Angst lösen?

Wenn Sie sich jedoch auch bei den bisherigen Übungen wohler gefühlt haben, wenn Sie ganz langsam, Schritt für Schritt vorangegangen sind, sollten Sie es auch hier besser mit der gestuften Konfrontation probieren. Und auch wenn Sie sich dafür entschieden haben, für die Konfrontationsübungen einen Psychotherapeuten zu Hilfe zu holen, möchten wir Sie ermutigen, die Zeit bis zum Beginn der Therapie zu nutzen, indem Sie den gestuften Weg betreten.

Egal, welchen Weg Sie auch immer einschlagen – wenn Sie die folgenden Empfehlungen beherzigen, wird Ihre Angst bald Teil Ihrer Vergangenheit sein und Sie nicht mehr belasten.

→ **SETZEN SIE SICH REALISTISCHE ZIELE** Sagen Sie sich: »Ich habe jetzt Angst und ich bin bereit, sie auszuhalten!« anstatt »Ich darf keine Angst haben, hoffentlich passiert nichts!« Angst zu haben ist menschlich. »Keine Angst« zu haben bedeutet in diesem Sinne nur, mit dieser menschlichen Eigenschaft zurechtzukommen, weil Sie den Mut haben, sie anzunehmen und auszuhalten.

→ **FORDERN SIE IHRE ANGST HERAUS** Es wird Ihnen merkwürdig vorkommen, aber Sie sollten bei der Konfrontation alles tun, damit die Angst so hoch wie irgend möglich ansteigt. Statt »Was muss ich tun, damit ich keine Angst bekomme?« fragen Sie sich jetzt: »Was muss ich tun, damit ich mehr Angst bekomme?« Wenn Sie Ihre Angst abwehren, kämpfen Sie gegen sich selbst. Sie produzieren Stresshormone und nehmen sich die Kraft, die Sie dringend benötigen. Lassen Sie die Angst daher zu.

→ **VERZICHTEN SIE AUF STRATEGIEN UND HILFSMITTEL** Weil dieser Punkt so wichtig ist, wiederholen wir ihn hier: Setzen Sie bei der Konfrontation keine Entspannungs- oder Atemübungen und keine beruhigenden Selbstgespräche ein – all das wäre Vermeidung. Sie würden damit nur Ihre alten Strategien und Verhaltensweisen wieder aufleben lassen und von ihnen abhängig bleiben. Sie brauchen die Angst in der Konfrontationsübung. Nur so können Sie die Erfahrung machen, dass nichts passiert und gerade auch dann, wenn Sie nichts tun, die Angst von selbst wieder vergeht!

4

- **VERTRAUEN SIE SICH UND IHREM KÖRPER!** Machen Sie die eigene Erfahrung, dass Ihnen tatsächlich nichts passiert. Erst dann werden Sie wissen, dass die Angst auch wieder geht. Und erst dann werden Sie aufgrund der realen Erfahrung überzeugt sein, dass Ihre Angst ungefährlich ist. Nur so können Sie sich sagen: »Ich habe das selbst geschafft.« Das stärkt Ihr Selbstvertrauen.
- **KONFRONTIEREN SIE SICH AUCH IN GEDANKEN!** Sie haben gelernt, welch wichtige Rolle Ihre Gedanken im Teufelskreis der Angst spielen. Sich mit seiner Angst zu konfrontieren heißt auch, sich zu sagen: »Ich will es jetzt wissen, und wenn ich verrückt werde, dann werde ich eben verrückt!« Theoretisch wissen Sie ja schon, dass das unrealistische Befürchtungen sind, nur die praktische Erfahrung müssen Sie eben noch nachholen.
- **HALTEN SIE DURCH UND FLÜCHTEN SIE NICHT!** Flucht verstärkt die Angst. Mit der Flucht bestätigen Sie Ihre Angsthypothese: »Nur weil ich geflohen bin, ist keine Katastrophe geschehen!« Sie bringen sich so um die Chance, eine neue Erfahrung zu machen. Halten Sie daher durch, bis alle Angstsymptome nachlassen – die Gedanken, die Gefühle und auch Ihre körperlichen Symptome. Das dauert in der Regel bis zu 15, höchstens 30 Minuten. Danach reduziert sich die Angst auf ein erträgliches Maß.
- **VERWANDELN SIE MISSERFOLGE IN TEILERFOLGE!** Wir sind alle nur Menschen. Wenn Sie trotz aller guten Absichten doch aus der Angst geflohen sind, machen Sie sich keine Vorwürfe. Das ist keine Schande. Es geht ja um Übung – und wenn man etwas von Anfang an kann, braucht man die ja nicht. Also machen Sie eine kurze Pause und gehen Sie dann sofort wieder in die Angstsituation hinein. Nicht am nächsten Tag, sondern wirklich sofort!
- **BEENDEN SIE IHRE ÜBUNG ERST,** wenn Ihre Angst deutlich nachgelassen hat! Versuchen Sie es wieder und wieder. Nehmen Sie, wenn es überhaupt nicht geht, die Anforderungen ein wenig zurück.

Es ist aber wichtig, dass Sie erst aufhören, wenn Sie zumindest einen kleinen Erfolg erzielt haben. Geht überhaupt nichts mehr, machen Sie sich klar, dass es schon ein erster Erfolg ist, dass Sie sich überhaupt an der Konfrontation versucht haben! Wiederholen Sie die Übung aus dem letzten Kapitel (→ Seite 98 bis 105) und probieren Sie dann die Konfrontation erneut.

TIPP

Üben Sie im Alltagsablauf

→ Nicht bei jeder Angst geht das – aber vielleicht haben Sie ein paar Ideen, wie Sie Ihre Angstübungen in Ihren Alltag einbauen können? Das ist eine besondere Chance für Sie: Dann haben Sie täglich die Möglichkeit, sich zu konfrontieren und Ihr neu gelerntes Verhalten zu verfestigen.

Nehmen Sie sich Zeit

Wenn möglich, sollten Sie eine Woche lang jeden Tag mehrere Stunden üben; das wäre optimal. Sollten Sie das nicht einrichten können, ist es ganz wichtig, dass Sie trotzdem täglich etwas tun. Lassen Sie nämlich eine Woche oder noch mehr Zeit zwischen zwei Übungen verstreichen, baut sich eine Erwartungsangst auf, die es Ihnen nur schwerer macht, sich erneut der Angst auszusetzen – und das sollten Sie auf jeden Fall vermeiden.

Nehmen Sie sich generell genügend Zeit für die Übungen. Gewöhnung braucht nun einmal Zeit! Schließlich haben Sie auch lange Zeit Ihre Angstmuster »eingeübt«, bis sie so stark wurden, wie sie heute sind. Je öfter Sie die Erfahrung machen, dass Ihre Befürchtungen unbegründet sind, desto mehr stärken Sie Ihr Vertrauen in sich und vermindern Ihre Erwartungsängste. Ihr Kampf-Flucht-Mechanismus beruhigt sich zunehmend und wird bald nur noch in objektiv gefährlichen Situationen Alarm schlagen.

Üben Sie vor allem auch an so genannten »schlechten Tagen«. Sie wollen ja lernen, sich generell angstfrei zu bewegen und die Erfahrung machen, dass der Prozess der Gewöhnung an die Angst auch in einer schlechten Verfassung funktioniert!

Drei Grundübungen

Insbesondere bei Panikattacken stehen die körperlichen Symptome, die Sie wahrnehmen, im Mittelpunkt. Aber auch bei den meisten Ängsten spielen körperliche Symptome zumindest eine Nebenrolle. Daher ist es sinnvoll, wenn Sie sich zunächst einmal dieser Angstkomponente stellen.

Bewerten Sie aufgrund der Erfahrungen, die Sie in den folgenden Übungen sammeln können, die erlebten körperlichen Symptome neu.

Hyperventilationsübung – ein Muss für alle Panikpatienten

Panikpatienten spüren bei einer Attacke oft deutliche körperliche Symptome, wie Schwindel, Schweißausbrüche oder Atemnot. Das kommt daher, dass sie in der Panik hyperventilieren, das heißt schnell und tief atmen. Durch die damit verbundene erhöhte Sauerstoffaufnahme wird das Blut jedoch »übersäuert«. Und das wiederum führt zu Symptomen wie Schwindel, Benommenheit, Schwitzen oder Kribbeln in Händen und Füßen – Symptomen, die genauso während eines Angstanfalls auftreten können.

Provozieren Sie die Symptome durch Hyperventilation und konfrontieren Sie sich mit der Angst. Atmen Sie dafür so schnell, dass Sie 60 Atemzüge pro Minute machen (Sie müssen einmal pro Sekunde ein- und ausatmen). Atmen Sie vor allem schnell und kräftig aus und halten Sie das so lange Sie können durch.

Irgendwann werden Sie körperliche Symptome spüren. Vielleicht taucht die Angst dabei auf. Ist das der Fall, bleiben Sie bei Ihrer Angst und beobachten Sie sie, bis sie von selbst wieder vergeht. Die ausgelösten Symptome und auch das Hyperventilieren selbst sind nicht gefährlich (→ nebenstehende Notfallprozedur)! Sie wissen, dass Ihnen nichts passieren kann – lernen Sie nun, es auch zu fühlen!

TIPP

Notfallprozedur

→ Falls Sie in der Angst nicht mehr von Hyperventilation auf normale Atmung umschalten können (was übrigens völlig ungefährlich ist!), hilft Ihnen ein kleiner Trick Ihre Atmung zu normalisieren. Atmen Sie gegen den Druck Ihrer fest zusammengepressten Lippen tief und lange aus. Das Einatmen lassen Sie einfach geschehen; so tief und so lange Ihr Körper will. Atmen Sie zwei Minuten lang auf diese Art und Weise; das beendet die Hyperventilation und die Symptome. Aber denken Sie daran: So eine »Notfallprozedur« ist natürlich auch eine Form der Flucht!

Provokation von Schwindel und Fallangst

Oft hängt der Schwindel von Angstpatienten mit einer chronischen Nacken-Schulter-Verspannung und einer schlechten Körperhaltung zusammen. Die Betroffenen haben deshalb das Gefühl, nicht sicher auf den Beinen zu stehen. Hier einige Übungen, die helfen können:

- Setzen Sie sich auf einen Drehstuhl, drehen Sie sich und halten Sie plötzlich an.
- Gehen Sie in die Hocke, zählen Sie bis zehn und kommen Sie dann schnell wieder hoch.
- Schaukeln Sie in leichtem Grätschstand auf den Füßen vor und zurück.
- Verlagern Sie Ihren Schwerpunkt im Wechsel von links nach rechts.

Was ist eigentlich so schlimm daran, zu fallen? Ist es das Gefühl, die Kontrolle zu verlieren? Üben Sie gezielt, sich fallen zu lassen. Entwickeln Sie Vertrauen zu anderen Menschen. Lassen Sie sich mit verbundenen Augen von einer Person durch Ihre Wohnung führen. Spielen Sie in der Realität durch, was Sie in der Vorstellung fürchten. Üben Sie das Fallen in verschiedenen Varianten: Sinken Sie langsam zu Boden oder plumpsen Sie einfach hin. Bleiben Sie dann liegen und spielen Sie in Gedanken durch, wie das für Sie wäre, wenn Sie jemand so hilflos sähe, und wie es wäre, wenn Ihnen jemand helfen würde. Wie fühlen Sie sich dabei? Wogegen wehren Sie sich? Was ist angenehm und positiv?

Sie werden feststellen, dass es gar nicht so schlimm ist, in Ohnmacht zu fallen – einmal ganz abgesehen davon, dass Sie es höchstwahrscheinlich gar nicht schaffen, ohnmächtig zu werden!

Die paradoxe Intervention

Etwas zu unterdrücken kostet viel Kraft und verstärkt oft nur das Problem. Gehen Sie also paradox vor: Tun Sie alles, damit genau das eintritt, was Sie befürchten! Nehmen Sie sich vor, die Symptome bis ins Letzte auszukosten und sie so stark werden zu lassen, wie es nur geht. Zeigen Sie Schwäche und machen Sie die Erfahrung, trotzdem liebenswert und sozial akzeptiert zu sein.

- Sie haben Atemnot? Atmen Sie tief aus und halten Sie den Atem an!
- Sie fürchten, in Ohnmacht zu fallen? Schließen Sie Ihre Augen und nehmen Sie sich fest vor »umzukippen«!
- Sie bekommen Schweißausbrüche? Sicherlich können Sie noch mehr schwitzen, wenn Sie die Heizung aufdrehen, sich warm anziehen und anstrengende Arbeit verrichten!
- Sie haben Angst, rot zu werden? Bringen Sie Farbe in Ihre Wangen; leuchten Sie so rot Sie können!

Das absichtliche Auslösen von Symptomen, die bisher mit unkontrollierbarer Panik verbunden waren, fällt vielen Betroffenen erstaunlich schwer. Provozieren Sie Ihre Angst, und Sie werden feststellen, dass Ihr »Unterbewusstsein« mit Trotz reagiert und die Symptome nicht zulassen will. Auf diese paradoxe Art und Weise haben Sie die Chance, wieder die Kontrolle über Ihren Körper zu erlangen und das Muster der Erwartungsangst und des Nicht-Auffallen-Wollens zu durchbrechen, das für Ihre ständige Anspannung verantwortlich ist.

Möglichkeiten der Konfrontation

In den folgenden Tabellen finden Sie Vorschläge, wie Sie sich bei unterschiedlichen Ängsten mit der Angst konfrontieren können. Finden Sie Ihre persönlichen Situationen, die die Angst auslösen, und machen Sie sich einen Plan für die nächste Woche: Was wollen Sie an welchem Tag lernen – und was wollen Sie erreichen. Markieren Sie jede gelungene Übung mit Symbolen – geben Sie sich beispielsweise einen bis drei Sterne.

» **ÜBUNGEN**	**Konfrontation mit Angst auslösenden körperlichen Symptomen**
Symptom	Übung
Herzklopfen, Herzstolpern, Herzrasen, Schwitzen	Körperliche Belastung wie Treppensteigen, Fitness, Sport Hyperventilation (→ Seite 112 f.) Bewusstes Kaffeetrinken vor den Übungen
Schwindel	Hyperventilation (→ Seite 112 f.) Bewusste Provokation von Schwindel und Fallangst (→ Seite 113 f.)
Sich verwirrt, desorientiert oder abgelöst vom Körper fühlen	Auf einen Punkt starren, zum Beispiel auf die weiße Wand Lange in den Spiegel schauen Grafische Muster betrachten, zum Beispiel Bretterwände an Baustellen, Grafiken, Heizungsgitter (Die Symptome werden vor allem durch optisch-räumliche Täuschungen hervorgerufen)
Alle genannten Symptome	Paradoxe Intervention (→ Seite 114) Aufmerksamkeit auf das Symptom lenken Hitze, Schwüle, Belastung für den Kreislauf durch: Sauna, Dampfbad, Friseurbesuch (Trockenhaube), Solarium

» ÜBUNGEN	**Konfrontation mit Angst auslösenden Gedanken**
Gedanken	Übung
Befürchtungen wie Herzinfarkt, Tod, Ohnmacht, Fallangst, Ersticken, Verrücktwerden	Bewusste Provokation von Schwindel und Fallangst (→ Seite 113 f.) Paradoxe Intervention (→ Seite 114) Schneiden Sie alle Zeitungsartikel, die Sie zu Ihren Themen finden können, aus. Stellen Sie dazu eine Liste Ihrer Befürchtungen zusammen. Lesen Sie beides immer wieder durch und lassen Sie Ihre Angst kommen – und gehen!

» ÜBUNGEN	**Konfrontation mit Angst auslösenden Situationen**
Situation	Übung
Höhe	Von Türmen, hohen Brücken oder Balkonen herunterschauen, ohne sich ans Geländer zu klammern Riesenrad fahren Bungee springen
Enge	Enge, abgeschlossene Räume betreten, wie Autowaschanlage, Solarium, Sauna
Weit weg von zu Hause sein	Im Wald spazieren gehen Eine Radtour unternehmen
Tiere	Das Tier betrachten, anfassen, streicheln Sich Wissen über das Tier aneignen, ein Referat darüber halten Bei Angst vor Spinnen oder Mäusen: in den Keller gehen
Umwelt	Stauwehr, See, Meer betrachten (bewegtes Wasser) Sich einem Sommergewitter aussetzen Im Wald in die Baumwipfel, in den Himmel schauen

Symptom	Übung
Blut, Verletzungen, medizinische Untersuchung	Medizinische Untersuchung oder Operation auf Video/Fotos ansehen Spritzen oder andere medizinische Geräte anfassen Blutspende beobachten und selbst spenden Besuch beim Arzt oder Zahnarzt

» ÜBUNGEN **Konfrontation mit Angst auslösenden sozialen Situationen**

Soziale Situation	Übung
Partys, Essen in der Öffentlichkeit	Einladungen annehmen oder eine eigene Party veranstalten Ins Café, Restaurant oder in die Mensa gehen
Vor Zuschauern sprechen oder schreiben	Sich vor anderen mit einer Leistung präsentieren Im Beisein anderer Unterschriften leisten (bei der Post, Bank...)
Ein Gespräch beginnen und aufrechterhalten	Auf der Straße jemanden ansprechen und nach der Uhrzeit, dem Weg, einer Information fragen Sich in einem Geschäft beraten lassen
Die Aufmerksamkeit anderer Menschen auf sich lenken	Im Restaurant Glas fallen lassen Rabatte aushandeln, sich über das Essen im Lokal laut beschweren Paradoxe Interventionen (→ Seite 114)

4

Das Allerwichtigste: Aushalten!

Auch wenn es Sie schwer ankommt: Halten Sie die Angst aus! Wenn Sie die Angst ganz zur Blüte kommen lassen und weder fliehen noch vermeiden noch die Angst unterdrücken, wird die Blüte allmählich verwelken. Sie müssen nichts dazu tun, dass die Angstblume verwelkt – so wie Sie im Herbst auch nicht dafür sorgen müssen, dass die Blätter von den Bäumen fallen! Das Aushalten der Angst ist nichts, was Sie aktiv tun. Sie lassen es einfach, ohne Widerstand, geschehen. Die Angst geht von allein. Und wenn die Angst gegangen ist, haben Sie Ihre Angst überwunden.

Falls Ihre Angst trotz Konfrontation bestehen bleibt

Sie haben trotz allem immer noch Angst? Sie haben sich nichts vorzuwerfen. Doch wenn Sie alle Konfrontationsübungen richtig umgesetzt haben und Ihre Angst sich dennoch nicht wesentlich gebessert hat, sollten Sie sich – ohne Selbstvorwürfe – folgende Fragen stellen:

- Waren Sie wirklich bereit, sich Ihrer schlimmsten Angst und Befürchtung zu stellen?
- Haben Sie sich Übungen ausgesucht, die vom Schwierigkeitsgrad her nicht ausreichten, um maximale Angst auszulösen?
- Sind Ihnen Ihre schlimmsten Befürchtungen oder Angstsituationen vielleicht noch gar nicht bekannt?
- Haben Sie auf Vermeidungsstrategien verzichtet?
- Ist der Gewinn Ihrer Angst doch zu groß? Stellen Sie sich vor, Sie wachen morgen früh auf und haben keine Angst mehr! Was tun Sie dann den ganzen Tag lang…?

Mut-Tagebuch

Gehen Sie an den Anfang Ihres Mut-Tagebuches zurück. Lesen Sie genau, was Sie dort über Ihre Angstwahrnehmungen, Gedanken und Gefühle geschrieben haben, und machen Sie den Angsttest (→ Seite 48 ff.) noch einmal. Der Vergleich mit Ihren Aufzeichnungen wird Ihnen vielleicht zeigen, dass sich sehr wohl einiges bewegt hat!

Schritt 7: Rückfällen vorbeugen

Wenn Sie bis hierher durchgehalten haben, können Sie wirklich stolz auf sich sein. Sie haben Ihre Angst – zumindest teilweise – besiegt. Nun werden Sie wahrscheinlich hoffen oder sogar davon ausgehen, dass die Angst ein für alle Mal aus Ihrem Leben verschwunden ist, oder Sie werden eine neue Angst entwickeln: die Angst, dass die Angst zurückkehrt und Sie einen »Rückfall« haben.

Ich habe keine Angst vor dem **Morgen**; denn ich habe das **Gestern** begriffen und ich liebe das **Heute**.

[William Allen White | *amerikanischer Schriftsteller*]

Nun ist es tatsächlich so, dass Sie mit Schwankungen rechnen müssen. Neben Zeiten, in denen Sie keine oder kaum Angstanfälle haben, wird es auch Zeiten geben, in denen Sie Rückschläge erleiden.

Aber das ist nicht weiter schlimm. Nicht die Rückfälle oder Rückschläge in unserem Leben sind das Problem, sondern die Art, wie wir damit umgehen! Rückschläge bedeuten weder eine Katastrophe, noch, dass alle Mühe umsonst war. Sie geben Ihnen nur ein Warnsignal, das Ihnen die Chance eröffnet, entsprechend zu reagieren. Wenn die Angst wieder auftaucht, gehen Sie sofort den Ursachen nach! Setzen Sie nicht darauf, dass Ihre Angstprobleme von allein vergehen.

Nie wieder flüchten!

Haben Sie sich in einer Angstsituation wieder einmal in die Flucht schlagen lassen? In der Praxis zeigt sich, dass die häufigsten Rückfälle dadurch ausgelöst werden, dass sich die Angst durch Vermeidungsverhalten langsam wieder einschleicht. Es ist schon eine Herausforderung, dauerhaft gelerntes Verhalten »für immer« zu ändern – das geht nicht in ein paar Tagen.

Sie haben nun so viel über Ängste im Allgemeinen und Ihre Angst im Besonderen gelernt, dass Sie, wenn Sie gleich reagieren, Rückfälle schnell wieder in den Griff bekommen können. Am besten ist sowieso, wenn Sie in regelmäßigen Abständen einen Auffrischungstag einplanen, an dem Sie Ihre schwierigsten Angstsituationen üben beziehungsweise Situationen, die Sie nicht oder nur selten in Ihrem normalen Alltag erleben. Überprüfen Sie ab und zu, ob Ihr neu gelerntes Verhalten auch wirklich noch funktioniert und ob Ihre neu erworbene Einstellung gegenüber der Angst wirklich noch gefühlsmäßig stimmt: »Angst ist eine normale Stressreaktion des Körpers. Sie kommt, geht aber auch wieder, ohne dass eine Katastrophe eintritt.«

Keine Fragen offen lassen

Haben Sie noch Zweifel, ob Sie die Angst wirklich überwunden haben? Gibt es eventuell noch Situationen, denen Sie sich bisher nicht oder nur so ungenügend gestellt haben?

Dann ist es nicht weiter erstaunlich, wenn sich die Angst langsam wieder einschleicht und heimlich ausbreitet. Stellen Sie sich vor, Sie nähen eine entzündete Wunde zu, ohne sie ganz zu reinigen. Oberflächlich verheilt alles, aber darunter pocht der Schmerz. Sie müssen also die »Keime der Angst«, das heißt jeden Zweifel, komplett ausräumen, damit sich die Wunde schließen und wirklich heilen kann.

Wenn Sie diese Empfehlungen beherzigen, ist die Wahrscheinlichkeit, dass Sie künftig keine nennenswerten Angstattacken mehr erleben, sehr hoch. Aber Sie sollten – vor allem in den ersten Monaten – auf sich Acht geben. Wenn Sie eine negative Veränderung Ihrer Gefühle wahrnehmen, sollten Sie sich immer die Frage stellen: »Geht es mir nicht gut, weil ich Angst habe, oder steckt etwas anderes dahinter?« – »Sage ich nein, weil ich keine Lust habe oder weil ich Angst habe?«

Beim zweiten Mal ist alles leichter

Wenn Sie bemerken, dass die alte Angst wieder in Ihrer Seele Fuß fasst, werden Sie natürlich frustriert, besorgt oder gar verzweifelt sein. Doch ein Rückfall ist kein Grund zur Panik. Was Sie tun können, wenn die Angst kommt, wissen Sie ja. Sie haben Übungen durchgearbeitet, mit denen Sie sich von Ihrer Angst befreit haben. Es geht jetzt aber nicht wieder ganz von vorn los. Beim zweiten Mal ist alles leichter:

4

- Sie haben schon einmal die Erfahrung gemacht, dass Sie mit Hilfe der Übungen die Angst losgeworden sind – Sie wissen, dass es geht und hoffen es nicht nur!
- Sie haben Ihr Mut-Tagebuch, in dem Sie wichtige Hinweise finden, was Ihnen besonders gut getan hat und welches Ihre »Angstmuster« in Denken, Fühlen und Verhalten sind.
- Sie müssen sich nicht mehr auf die »technischen« Aspekte der Übungen konzentrieren – die kennen Sie ja bereits.

Haben Sie Nachsicht mit sich selbst

Schimpfen Sie nicht mit sich selbst, wenn Sie wieder einmal Angstprobleme haben! Man kann es gar nicht oft genug wiederholen, obwohl es so selbstverständlich ist: Sie müssen nicht perfekt sein! Und das gilt nicht nur für den Umgang mit der Angst. Seien Sie nachsichtig mit sich selbst, bürden Sie sich nicht zu viel auf und seien Sie nett zu sich selbst. Strafen, Appelle und Tadel sind keine guten Lehrmeister. Belohnungen, Lob und Begeisterung vermögen viel mehr.

- **BELOHNEN SIE SICH!** Nach einem besonders anstrengenden Tag sollten Sie sich am Abend etwas Schönes und Entspannendes gönnen: Gehen Sie tanzen, treffen Sie sich mit Freunden, genießen Sie ein erstklassiges Dinner, lassen Sie ein heißes Bad einlaufen oder hängen Sie einfach auf dem Sofa ab!
- **LOBEN SIE SICH!** Wenn Sie etwas (auch nur ein bisschen) geschafft haben, sollten Sie das auch anerkennen. Machen Sie sich nicht unnötig klein.
- **BEGEISTERN SIE SICH!** Das Gleichgewicht zwischen An- und Entspannung ist wichtig: Entspannen und Erholen ist gut – aber nur, wenn Sie das durch begeisterte Aktivität ergänzen, stimmt auch langfristig das Gleichgewicht.

Gehen Sie Ihre Probleme an!

Oft ist eine neuerliche Angstreaktion ein Signal für Überforderung, emotionale Konflikte oder nicht gelöste Probleme. Dann richten Sie Ihre Aufmerksamkeit statt auf Ihren Körper besser auf Ihre Lebensumstände: Was fordert und was überfordert Sie? Wenn Sie genau hinsehen und ehrlich zu sich selbst sind, werden Sie es in der Regel auch herausfinden. Gespräche mit Menschen, denen Sie vertrauen, werden Ihnen dabei sehr wahrscheinlich helfen.

Gehen Sie auftauchende Probleme möglichst schnell an:

- Nach einer erfolgreichen Angstbewältigung tauchen mitunter Probleme und Spannungen in der Partnerschaft, Familie oder im Freundeskreis auf. Unterschätzen Sie nicht die Auswirkung Ihrer Veränderung auf Ihre Beziehungen. Ihre Mitmenschen sind nun möglicherweise gezwungen, sich ebenfalls zu ändern, da die Rolle als Unterstützer in der Angst nicht mehr notwendig ist. Wo es früher hieß »Geh doch mal aus!«, heißt es nun vielleicht: »Was, du gehst schon wieder weg?« Das wiederum kann andere, bisher verdeckte Probleme in Ihren Beziehungen aufwerfen, die es gemeinsam zu lösen gilt.

- Gesundheitliche Probleme können auch nach einer erfolgreichen Angsttherapie so viel Stress bedeuten, dass die Ängste wieder auftauchen. Gehen Sie deshalb Ihre körperlichen Probleme an, treiben Sie gemäßigt Sport – indem Sie etwas für Ihre Fitness tun, wirken Sie Angstrückfällen entgegen.
- Lösen Sie Ihre sozialen Probleme. Einsamkeit oder stressgeladene Beziehungen sind Faktoren, die es Ängsten leichter machen, Fuß zu fassen. Bauen Sie sich einen Freundeskreis auf; versuchen Sie Menschen zu finden, mit denen Sie gemeinsam lachen können und denen Sie vertrauen. Das macht es der Angst schwer.

Besser mit der Angst umgehen

Um Angstprobleme dauerhaft zu bewältigen, sollten Sie

- Angstgefühle als grundsätzlich normale, aber übersteigerte biologische Reaktionsweise Ihres Körpers erkennen und bewusst annehmen;
- versuchen, sich kritischen, angstbeladenen Situationen immer wieder bewusst zu stellen und nicht der Neigung nachzugeben, ihnen irgendwie aus dem Weg zu gehen.

Ziel einer Angstbehandlung – egal ob Selbsthilfe oder Therapie – ist, gelassener mit der Angst umzugehen. Sie gehört nun einmal ganz selbstverständlich zum Leben eines jeden Menschen dazu.

Ausblick: Das Leben genießen

Dass Sie Ihre Angst überwunden haben oder zumindest die ersten Schritte auf diesem Weg getan haben, ist großartig! Sie haben etwas Wichtiges geleistet, das mehr für Ihr Leben bedeutet als materielle Dinge. Was können Sie wohl noch alles schaffen, wenn Sie mit sich selbst, Ihren Gefühlen, Wahrnehmungen und schlummernden Kräften weiter auf dem Weg zu Ihrem wahren Selbst gehen …

Entwickeln Sie lohnende Ziele!

In Schritt 1 unseres Stufenprogramms haben Sie schon erfahren, wie wichtig es ist, Ziele zu haben, und wie wichtig es ist, diese Ziele auch richtig zu formulieren – das heißt: sie mit Ihrem ganzen Bewusstsein klar zu erfassen. Das wichtigste Leitziel war in diesem Fall klar. Sie wollten frei sein und Ihr Leben genießen. Ohne Angst (oder mit weniger Angst) geht das schon viel besser.

Doch Sie brauchen sich damit ja noch nicht vollends zufrieden zu geben. Lohnende Ziele, die Sie wirklich begeistern, sind nicht nur der Gegenpol zu Angst, sondern auch zu Langweile, Depression und Unausgeglichenheit. Wenn Sie das tun, was Sie wirklich tun wollen, sind Sie »im Flow«, sind zufrieden mit sich selbst und der Welt. Und so sollte es doch sein. Lassen Sie uns einmal überlegen, welche Kriterien die Ziele, die sich wirklich für Sie lohnen, erfüllen sollten.

Werte und Ziele

Ein Ziel ist für Sie nur dann erfüllend und befriedigend, wenn es mit Ihren Werten übereinstimmt. Der Unterschied von Werten und Zielen besteht darin, dass Sie Ihre Werte nicht erreichen, sondern nur leben können. Befriedigende Ziele sind dagegen Stationen, an denen Ihre Werte besonders deutlich hervortreten.

Allem, was wir tun, liegen unsere Werte zugrunde – selbst wenn wir nur ein Paar Schuhe kaufen. In zwei Grundsituationen aber werden Ihnen Ihre Werte besonders deutlich bewusst: wenn ein Wert missachtet wird und wenn er, im Gegensatz dazu, verwirklicht wird. Im ersten Fall haben Sie stark negative Gefühle – im zweiten Fall fühlen Sie sich großartig.

In der folgenden Liste haben wir einige Werte aufgeführt. Versuchen Sie, die Bedeutung jedes dieser Werte für Ihr Leben herauszufinden, indem Sie sich Situationen in Erinnerung rufen, in denen dieser Wert missachtet oder verwirklicht wurde. Ein Wert, der eine wirklich wichtige Rolle in Ihrem Leben spielt, wird bei seiner Missachtung starke negative und bei seiner Verwirklichung starke positive Reaktionen auslösen.

4

Tun Sie, was Sie wirklich wollen?

Suchen Sie aus der Liste (→ Seite 126) Ihre fünf wichtigsten Werte heraus und schreiben Sie sie in Ihr Mut-Tagebuch – auf keinen Fall weniger als fünf, aber auch nicht mehr. Vielleicht fällt Ihnen die Wahl schwer; entscheiden Sie dennoch – dann können Sie sicher sein, tatsächlich auch wirklich wichtige Werte gefunden zu haben.

Mut-Tagebuch
Notieren Sie fünf Werte, die Ihnen wichtig sind.

Manchmal fördert schon das Nachdenken darüber interessante Einsichten oder Überraschungen zutage. Eine Erkenntnis ist oft: »Einige meiner wichtigsten Werte habe ich bislang vernachlässigt oder überhaupt nicht berücksichtigt!« Nicht selten ist gerade das ein Quell von Unzufriedenheit, Leere und selbst Krankheit!

Wenden Sie Ihr Wissen über Ihre Werte nun auch praktisch an: Überprüfen Sie, welche Tätigkeiten welche Werte wie stark verwirklichen. Prüfen Sie gegenwärtige, mögliche und geplante Tätigkeiten. Dazu

AUF EINEN BLICK

Welche Bedeutung haben diese Werte für Sie?

Abenteuer	Freiheit	Kreativität	Selbstständigkeit
Aktivität	Freude	Lehren	Sicherheit
Ansehen	Freundschaft	Leistung	Spaß
Begeisterung	Fähigkeit	Lernen	Spiritualität
Bewegung	Frieden	Liebe	Toleranz
Dienen	Gemeinschaft	Macht	Veränderung
Ehrlichkeit	Gerechtigkeit	Mut	Verantwortung
Einfachheit	Glück	Mitleid	Wahrheit
Einzigartigkeit	Harmonie	Ordnung	Weisheit
Erfüllung	Herausforderung	Religion	Weltverbesserung
Erkenntnis	Humor	Ruhm	Würde
Fantasie	Individualität	Schönheit	Zuversicht

schreiben Sie Ihre fünf wichtigsten Werte nebeneinander und die verschiedenen Tätigkeiten oder Rollen, die Sie ausüben oder ausüben wollen, untereinander. So erhalten Sie eine Tabelle, in der Sie alle Tätigkeiten mit allen Werten vergleichen können. Verteilen Sie nun »Noten«, die zeigen, wie sehr jede Tätigkeit jeden Wert verwirklicht.

Edmund A. (43) ist Geschäftsmann. Er empfindet als seine wichtigsten fünf Werte: Abenteuer, Freiheit, Gemeinschaft, Humor und Kreativität. Seine wichtigsten Rollen sind: Selbstständiger Geschäftsmann und Ehemann – für andere Dinge hat er kaum Zeit. Aber er wäre vielleicht gern: Künstler, Fußballspieler, Vater. Als er seine Rollen und Vorstellungen daraufhin untersucht, wie sehr sie seine Werte verwirklichen, erlebt er einige Überraschungen. Er erkennt, dass sein Beruf kaum einen seiner Werte angemessen erfüllt – aber auch sein Jugendtraum, Künstler zu werden, erfüllt nur seine Werte »Freiheit« und »Kreativität«. Seine Erkenntnisse nimmt er zum Anlass, sein Leben allmählich umzustellen: Er führt in seiner Firma kreative Neuerungen ein, die zwar ein wenig Risiko in sich bergen, aber sowohl etwas mehr Abenteuer als auch Kreativität in sein Leben bringen, und macht einen Freund zum Geschäftspartner. Er nimmt sich auch die Zeit, einmal die Woche im Verein Sport zu machen. Nach und nach hat er immer mehr das Gefühl, sein Leben (und seine Ängste) besser im Griff zu haben – obwohl er mehr Risiken eingeht. Er sagt von sich, dass er nun ein glücklicherer Mensch ist.

Befriedigung des **Bedürfnisses** ist nur Abhilfe eines **Übels**, also immer etwas **Negatives**. Das wahre **Vergnügen** aber, **körperlich** und **geistig**, muss etwas **Positives** sein.

[Wilhelm von Humbold | *deutscher Staatsmann und Philologe*]

Wie sieht es bei Ihnen aus? Ist das, was Sie tun, auch wirklich das, was Ihren Werten entspricht – das, was Sie wirklich tun wollen? Erforschen Sie Ihre Möglichkeiten und entdecken Sie Ihr Glück!

4

5 Wenn Selbsthilfe nicht reicht

→ Manchmal ist die Angst einfach zu stark, um sich ihr ohne Begleitung zu stellen. Und auch den Anforderungen mancher Übungen fühlt sich nicht jeder Betroffene ohne Hilfe gewachsen. Mit einem kompetenten Therapeuten ist das schon viel leichter. In diesem Kapitel erfahren Sie, welche Therapien es gibt, wie Sie einen guten Therapeuten finden und wie Sie dabei am besten vorgehen.

Der Dschungel der Theorie

Möglicherweise haben Sie schon von unterschiedlichen Therapien oder Theorien gehört oder sogar schon Erfahrungen damit gemacht. Die Viefalt der Therapien ist sicherlich verwirrend und weckt nicht gerade Vertrauen. Psychoanalyse, Verhaltenstherapie, Gesprächstherapie, NLP, Hypnose und viele andere mehr – wie soll man da als Laie den Überblick bewahren? Wir werden Ihnen im Folgenden erklären, was es mit diesem Wirrwarr auf sich hat – und vor allem, was Ihnen wirklich helfen kann.

Medikamente gegen die Angst?

5

Viele Angstpatienten, insbesondere wenn sie unter Panikattacken oder generalisierter Angst leiden, gehen oft zunächst zum Arzt, weil sie nicht so sehr an ein seelisches Leiden denken, sondern an eine körperliche Erkrankung glauben. Tatsächlich leiden zirka fünf Prozent aller Patienten, die eine Allgemeinarztpraxis aufsuchen, an einer generalisierten Angststörung. Doch nur ein Drittel davon wird vom Arzt zutreffend diagnostiziert!

In Einzelfällen stimmt es natürlich, dass der Angst eine körperliche Störung zugrunde liegt – deshalb wird am Anfang einer Psychotherapie immer auch abgeklärt, ob nicht körperliche Erkrankungen für die Angststörung verantwortlich sind. Das ist jedoch eher die Ausnahme. Das hindert manche Ärzte jedoch nicht daran, dem Wunsch nach sofortiger Linderung Ihres Leidens nachzukommen und Ihnen entsprechende Medikamente zu verordnen. Jedes zehnte psychisch wirksame Medikament wird wegen Angst verordnet. Meist spricht der Arzt aber nicht von einer Angststörung, sondern von »vegetativer Dystonie«.

Kurzfristig können solche Medikamente auch durchaus sinnvoll sein: wenn Sie zum Beispiel nach einem schweren Verkehrsunfall nicht mehr ruhig schlafen können oder ein anderes traumatisches Erlebnis hatten, mit dem die Angst begann. Es gibt jedoch etliche gute Argumente, die gegen Beruhigungsmittel sprechen. Vor allem:

Medikamente können die Angst nicht heilen!

Wenn Sie Medikamente gegen die Angst verordnet bekommen, ist das nur mit begleitender Psychotherapie sinnvoll. Und selbst dann ist höchste Vorsicht geboten, da diese Medikamente den Zugang zu den Gefühlen behindern, nach relativ kurzer Zeit (vier Wochen) abhängig machen, die Persönlichkeit verändern, Depressionen auslösen können und die Gefahr von Unfällen um das Fünffache erhöhen. Auch wenn die Beruhigungsmittel erst einmal zu helfen scheinen – sie heilen die Angst nicht. Suchen Sie lieber einen Therapeuten auf.

Wenn Sie bereits längere Zeit Beruhigungsmittel nehmen:

- Es ist keine Schande, dass Sie davon abhängig sind. Das ist die Wirkung dieser Mittel.
- Sprechen Sie offen mit einem Arzt mit psychotherapeutischer Ausbildung über das Problem.
- Setzen Sie die Medikamente niemals selbstständig ab, da es zu starken körperlichen und seelischen Reaktionen kommen kann.

Es geht uns nicht darum, Psychopharmaka insgesamt zu verteufeln. Es gibt Fälle, wo sie sinnvoll eingesetzt werden – und bei manchen Erkrankungen, wie Depressionen, sind sie mitunter ein unverzichtbares

Hilfsmittel. Eine Faustregel könnte lauten: Lassen Sie sich solche Medikamente nicht einfach vom Hausarzt verschreiben, nehmen Sie sie nicht über längere Zeit ohne psychotherapeutische Begleitung und setzen Sie sie nicht in Eigenregie ab!

Psychotherapie – Begleitung auf Ihrem Weg aus der Angst

Psychotherapie bedeutet »Begleitung für die Seele«. Genau das sollte eine gute Therapie sein. Und natürlich sollte sie Ihnen helfen, aus der Angst herauszukommen. Das Angebot und die Versprechungen sind gleichermaßen groß – doch nicht jede Therapie ist bei Angststörungen tatsächlich auch geeignet.

Psychoanalyse nach Sigmund Freud

Eine Form der Psychotherapie ist die von dem Arzt Sigmund Freud Anfang des Jahrhunderts entwickelte Psychoanalyse. Da es die älteste und bekannteste Richtung der Psychotherapie ist, wird die Psychoanalyse von Laien leider oft mit Psychotherapie gleichgesetzt, obwohl die Wirksamkeit der Psychoanalyse umstritten ist. Der klassischen Psychoanalyse liegt die Vorstellung zugrunde, dass die Ursachen für seelische Probleme in der frühen Kindheit liegen – und dass sich die Probleme auflösen, wenn diese Ursachen bewusst werden. In der klassischen Psychoanalyse liegt der Patient auf der Couch und lässt seinen Gedanken freien Lauf. Der Therapeut hakt bei ihm bedeutsam erscheinenden Punkten nach und analysiert diese. Zum Teil werden in der analytischen Therapie auch Traumanalysen durchgeführt.

Die konkreten Probleme werden bei der Psychoanalyse also nicht unmittelbar angesprochen, sondern sollen sich im Laufe der Behandlung durch das Bewusstwerden der Ursachen auflösen. Eine Behandlung dauert in der Regel mehrere Jahre. Sie wird Ihnen daher nicht direkt helfen können, Ihre Angst zu überwinden – zumindest nicht in einem vertretbaren Zeitrahmen. Wenn Sie auf der Couch über Ihre Kindheit sprechen, ist das nichts, was Ihre Angst geringer werden lässt. Möglicherweise (aber auch das ist nicht wirklich nachgewiesen) können Sie sich in dieser Therapieform im Laufe der Jahre darüber klar werden, warum Sie so sind, wie Sie sind.

Doch Wissen allein hilft Ihnen nicht weiter: Sie müssen lernen – und das heißt üben! – Ihr Angstverhalten, Ihre Angstgedanken und Ihre Angstgefühle in sorgenfreies, selbstbestimmtes und genussvolles Handeln, Denken und Fühlen zu verwandeln.

Tiefenpsychologisch orientierte Therapie

Die tiefenpsychologisch orientierte Therapie ist in der Theorie der Psychoanalyse verwandt, doch das praktische Vorgehen unterscheidet sich deutlich. Klient und Therapeut sitzen einander gegenüber, und es wird in der Therapie auch mehr auf aktuelle Bezüge und das konkrete Problem eingegangen.

Bei einer solchen Therapie werden Sie zwar über Ihre aktuellen Schwierigkeiten sprechen und eventuell Einsichten über das Warum bekommen. Was allerdings fehlt – und das ist bei der Behandlung von Ängsten besonders wichtig – ist das Üben. Es ist für Sie wohl interessant, woher Ihre Ängste kommen. Aber das allein befreit Sie nicht!

Verhaltenstherapie

In der Verhaltenstherapie wird Lernvorgängen die größte Bedeutung zugemessen. Unter »Verhalten« versteht die moderne kognitive Verhaltenstherapie mehr als nur das beobachtbare Verhalten, nämlich auch das, worauf es Ihnen ankommt: das »innere« Verhalten, also die Gefühle und Denkweisen, die Angst bedeuten. Es geht in der Therapie vorrangig darum, das was Sie stört, direkt anzugehen und durch Lernen und Üben sinnvollere Verhaltens-, Denk- und Gefühlsmuster zu entwickeln. Sinnvoller heißt, dass Sie sich wohler fühlen und Ihre Handlungsmöglichkeiten erweitern können.

Bei der Verhaltenstherapie werden Sie mit dem Therapeuten auch über Ihre Vergangenheit sprechen. Im Vordergrund steht aber das aktuelle Erleben, Denken, Fühlen und Verhalten. Sie werden dabei weniger sprechen als vielmehr ganz konkret üben: Vieles wird dem, was Sie in diesem Buch lernen, sehr ähnlich sein. Allerdings steht Ihnen dann ein Therapeut bei, um die Übungen durchzuführen und umzusetzen. Sie werden im wahrsten Sinne des Wortes er-mut-igt. Gerade bei Ängsten ist die kognitive Verhaltenstherapie besonders erfolgreich und sinnvoll.

Klientenzentrierte Gesprächspsychotherapie

Die Klientenzentrierte Therapie geht von einem Grundbedürfnis des Menschen nach Weiterentwicklung aus. Dieses Bedürfnis ist biologisch begründet: Je besser der Mensch seine Umwelt versteht und mit ihr in Einklang ist, desto eher wird er überleben.

Der Therapeut hilft dem Klienten, sein Wachstums- und Heilungspotenzial zu entdecken, indem er eine therapeutische Beziehung schafft, die von Einfühlsamkeit, unbedingter Wertschätzung und Aufrichtigkeit getragen ist. In der Therapiesituation erlebt der Klient, dass seine Schutzmechanismen und Rollenspiele unnötig sind. Dadurch, dass der Therapeut anspricht, was er beim Klienten wahrnimmt, wird es dem Klienten erleichtert, seine Denk-, Verhaltens- und Gefühlsautomatismen bewusst zu erfahren, sie zu durchbrechen und seine Handlungsspielräume zu erweitern.

In der Klientenzentrierten Gesprächstherapie spielt die Diagnose kaum eine Rolle, da nur relevant ist, dass der Klient nicht im Einklang mit sich selbst steht. Bei jedem Menschen kann sich das unterschiedlich äußern: bei manchen als Wut, bei manchen als Depression, bei vielen auch als Angst.

Bei dieser Therapieform geht es um Ihre Bedürfnisse. Der Therapeut hilft Ihnen zu erkennen, was Sie wirklich bewegt. Sie werden sich selbst besser kennen lernen und schließlich aus eigenem Antrieb das tun, was bei Ängsten wichtig ist: Üben! Allerdings ist es bei Ängsten unserer Ansicht nach sinnvoller, gleich damit zu beginnen, andere Denk- und Verhaltensweisen einzuüben: Damit werden Sie Ihre Ängste schneller los – und dann ist es noch sinnvoller, sich mit Ihren Bedürfnissen auseinander zu setzen und emotional zu begreifen, wie sich Ihre Ängste entwickelt haben und wie Sie auf Dauer angstfrei leben können. Die klientenzentrierte Gesprächstherapie hilft Ihnen, seelisch zu wachsen. Sie kann aber nicht das Üben neuer Verhaltens- und Denkweisen ersetzen.

Hypnotherapie

Hypnose ist von vielerlei Mythen umrankt. Sie ist aber heute eine gut erforschte Methode, die vor allem in der Schmerztherapie sehr erfolgreich ist. Der Hypnosezustand ist dadurch gekennzeichnet, dass die Aufmerksamkeit stark auf eine einzige Vorstellung konzentriert ist.

Hypnose ist in vielen Bereichen hilfreich. Aber sie ist kein Allheilmittel. Wenn Sie den Wunsch haben, dass Ihnen jemand Ihre Angst »weghypnotisiert«, ist das verständlich. Doch es funktioniert leider nicht. In der Hypnose wird Ihre Wahrnehmung eingeengt – da Sie in der Hypnose sehr stark konzentriert sind. Deshalb können Sie in der Hypnose eventuell Dinge tun, die Sie sonst nicht tun könnten, weil Sie nicht von Ihrer Angst abgelenkt werden beziehungsweise sich nicht auf die Angstgefühle konzentrieren. Selbstverständlich können Sie aber nicht in einer »Dauerhypnose« leben!

Als ergänzende Maßnahme kann eine Hypnose hilfreich sein – tatsächlich bringen Sie alle Übungen in einen leichten, hypnoseähnlichen Trancezustand, in dem Sie schneller und leichter lernen. Aber es geht eben vor allem um das Lernen, und das kann eine Hypnose nicht ersetzen.

Neurolinguistisches Programmieren

NLP ist eine relativ neue Methode. Sie wurde mit dem Ziel entwickelt, die Prinzipien erfolgreicher Therapeuten, unabhängig von ihren Theorien, herauszufinden. Dabei entstanden einige interessante und wirksame Techniken. Manche davon sind auch innerhalb einer Angsttherapie sinnvoll. NLP ist aber ebenso wenig ein Allheilmittel wie jede andere Methode. Das wird jedoch von vielen begeisterten Praktikern (die oftmals keinerlei psychologische Ausbildung haben) nur allzu gerne übersehen.

Einige der Übungen in Kapitel 4 sind im NLP entwickelt worden. Diese Übungen laufen allein in Ihrem Geist ab – Sie führen Sie in Ihrer Vorstellung in Angstsituationen, die Sie dort verwandeln. Das ist ein guter erster Schritt, auf den aber ein weiterer Schritt – das praktische Einüben mit Seele, Geist und Körper – folgen muss, damit Sie wirklich frei von Angst und Panik werden.

Personale Integration

Die Personale Integration betrachtet den menschlichen Geist als ein Zusammenwirken von unterschiedlichen inneren Persönlichkeiten, die jeweils unterschiedliche Motive, Vorstellungen und Ideen haben. Sie kennen das aus eigener Erfahrung: Wenn Sie froh und unbeschwert sind, haben Sie andere Ideen, Gedanken und Motive, als wenn Sie traurig sind oder einen Angstanfall haben. In der Personalen Integration werden innere Dialoge mit den verschiedenen Anteilen der Persönlichkeit geführt, um verborgene Motive, Vorurteile und fehlgeleitete Denkmuster zu erkennen und in die Gesamtpersönlichkeit zu integrieren.

Die Personale Integration ist eine Begleitung zur Selbsterkenntnis. Wir haben auch Übungen aus der Personalen Integration mit in dieses Buch aufgenommen. Sie werden in diesen Übungen lernen, dass die

Angst nicht Ihr Feind ist, sondern dass die Angst eine positive Absicht hat – auch wenn sie ihre positive Absicht mit weniger positiven Mitteln ausdrückt. Damit lernen Sie sich selbst besser anzunehmen und fördern unbewusste Suchprozesse nach Lösungen. Um Angststörungen aufzulösen ist das zwar hilfreich, aber nicht ausreichend. Um es zu wiederholen, weil es so wichtig ist: Sie müssen üben anders zu handeln, zu denken und zu fühlen.

Nicht nur die Therapie ist entscheidend

Glücklicherweise sind die meisten praktisch tätigen Psychologen aber nicht ausschließlich von mehr oder weniger grauen Theorien geleitet. Die Behandlung seelischer Leiden kann ja niemals mechanisch erfolgen, sondern bedarf immer auch der Erfahrung und des persönlichen Einsatzes des Therapeuten. Wichtig ist, dass er kreativ, verantwortungsvoll und einfühlsam ist.

» Als ich überlegte, wieviel **verschiedene** Ansichten über die **gleiche** Sache es geben kann, deren jede einzelne ihren **Verteidiger** unter den **Gelehrten** findet, und wie doch nur eine einzige davon **wahr** sein kann, da stand es für mich fest: Alles, was lediglich wahrscheinlich ist, ist wahrscheinlich falsch. «

[René Descartes | *französischer Philosoph und Mathematiker*]

TIPP

Übersicht über die wichtigsten Therapien

	Kommentar	Zahlt die Krankenkasse?	Sinnvoll bei Angststörung?
Psychoanalyse	Wissenschaftlich umstritten	Ja	Möglicherweise langfristig
Klientenzentrierte Therapie	Wissenschaftlich gesichert	? (Wird zur Zeit bei den kassenärztlichen Vereinigungen verhandelt)	Ja, längerfristig
Medikamentöse Therapie	Nur bei besonderer Indikation	Ja	Nur in Einzelfällen; nur unterstützend (Nie ohne begleitende Psychotherapie!)
Verhaltenstherapie (Konfrontationstherapie)	Wirksamkeit wissenschaftlich gesichert	Ja (Die von der Dornier-Stiftung angebotene Intensivtherapie wird nicht von der gesetzlichen Krankenkasse übernommen)	Ja, effektivste Form der Angsttherapie
NLP, Bioenergetik usw.	Nicht wissenschaftlich gesichert	Nein	Eventuell sinnvoll als begleitende Maßnahme
Gestalttherapie, Personale Integration	Nicht wissenschaftlich gesichert	Nein	Möglicherweise langfristig
Yoga, Taiji, Autogenes Training usw.	Unspezifisch, Wirksamkeit wissenschaftlich nicht gesichert	Nein (aber mitunter von Krankenkassen gefördert)	Eventuell sinnvoll als begleitende Maßnahme
Hypnose	Wirksamkeit bei Angststörungen unklar	Nein (Von einzelnen Verhaltenstherapeuten [mit Zusatzausbildung!] wird Hypnose als begleitende Maßnahme eingesetzt und in diesem Rahmen von der Krankenkasse bezahlt)	Eventuell sinnvoll als begleitende Maßnahme

Der richtige Therapeut für Ihre Angst

Wenn Ihre Angst stark ist, wenn Sie besonders unter Stress stehen oder wenn Sie sich von den Übungen des Selbsthilfeprogramms überfordert fühlen, sollten Sie sich nicht scheuen, professionelle Hilfe zu suchen: beim Psychologen, beim Arzt mit psychotherapeutischer Zusatzausbildung oder in einer Klinik.

Seelische Leiden sind ebenso Krankheiten wie körperliche Probleme. Deshalb übernehmen die Krankenkassen in aller Regel auch die Kosten einer solchen Therapie.

Die Angst, Hilfe zu suchen

Manche Menschen haben ein wenig Angst vor einer Therapie. Das liegt nicht zuletzt an diversen Vorurteilen gegenüber der Psychotherapie: Werden die Leute nicht denken, dass ich verrückt bin, wenn ich zu einem Psychologen gehe? Bringt eine solche Therapie überhaupt etwas? Was geschieht dort eigentlich mit mir? Wird der Psychologe verlangen, dass ich meine tiefsten Geheimnisse vor ihm ausbreite? Kann er mich überhaupt wirklich verstehen?

Oft sind es aber auch ganz praktische Fragen, die Bedenken auslösen: Wer bezahlt das? Wie finde ich überhaupt einen Therapeuten? Kann ich den Therapeuten wechseln? Woran kann ich erkennen, ob ein Therapeut mir auch tatsächlich helfen kann – natürlich bevor ich eine lange Therapie gemacht habe? Alle diese Fragen werden wir im Folgenden zu beantworten versuchen.

Wie finde ich einen Therapeuten?

Nachdem Sie sich entschlossen haben, professionelle Hilfe in Anspruch zu nehmen, stellt sich für Sie vielleicht die Frage, wie Sie überhaupt an einen Therapeuten kommen. Wenn Sie im Telefonbuch nach einem Therapeuten suchen, wird Sie möglicherweise erst einmal die Vielzahl von unterschiedlichen Bezeichnungen verwirren. Psychologe, Diplom-Psychologe, Lebensberater, Heilpraktiker, Psychoanalytiker, Arzt (Psychotherapie) und andere. Deshalb ist es in der Regel einfacher, wenn Sie sich bei Ihrer Krankenkasse, örtlichen Beratungsstellen, der Kassenärztlichen Vereinigung oder bei Angst-Hilfen (Adressen finden Sie im Anhang) nach geeigneten Therapeuten erkundigen.

Kann ich mir das leisten?

Sie brauchen keine Überweisung, um zum Therapeuten zu gehen. Dieser Therapeut muss also kein Arzt sein. Das gilt auch, wenn Sie gesetzlich versichert sind. Gesetzliche Krankenkassen übernehmen die Kosten für die Behandlung aber nur dann, wenn eine gewisse Qualifikation des Therapeuten sichergestellt ist. Das heißt, dass der Therapeut die Bezeichnung »Psychologischer Psychotherapeut« oder, wenn er Arzt ist, »ärztlicher Psychotherapeut« trägt. Diese haben eine Zusatzausbildung, entweder in

- Verhaltenstherapie (→ Seite 132 f.),
- Tiefenpsychologisch orientierter Therapie (→ Seite 132),
- Psychoanalyse (→ Seite 131 f.) oder
- Klientenzentrierter Gesprächspsychotherapie (→ Seite 133 f.).

Bei privaten Versicherern können Sie möglicherweise auch andere Therapieformen wählen. Die Stunde beim Psychotherapeuten als Privatpatient kostet um die 100 Euro.

5

Wie geht es weiter?

Die Kosten für die ersten fünf Sitzungen (so genannte »probatorische Sitzungen«) übernimmt die Krankenkasse prinzipiell. In dieser Zeit wird Sie der Psychotherapeut auch an einen Arzt überweisen, der feststellt, ob Ihrer Angststörungen nicht möglicherweise körperliche Probleme zugrunde liegen.

Innerhalb dieser fünf Sitzungen (eine Therapieeinheit dauert 50 Minuten) sollten Sie sich möglichst darüber klar werden, ob Ihr Therapeut der richtige für Sie ist (→ nebenstehender Therapeutentest). Dann füllen Sie einen Antrag aus, den der Therapeut an die Krankenkasse schickt. Der Behandlungsplan des Psychotherapeuten wird dort von einem Gutachter geprüft, um die Qualität der Behandlung sicherzustellen.

Bei der Verhaltenstherapie werden entweder 25 Stunden für eine Kurzzeittherapie oder 45 Stunden für eine Langzeittherapie angesetzt. Danach können in einer ersten Verlängerung 15 und dann, in Ausnahmefällen, weitere 20 Stunden beantragt werden. Insgesamt dauert eine Verhaltenstherapie also maximal 80 Stunden.

Der »Therapeutentest«

Wie können Sie einschätzen, ob ein Therapeut gut (für Sie) ist? An Diplomen und Berufsbezeichnungen allein erkennt man das nicht. Und meist sind Sie auch nicht in der Lage, seine Kompetenz zu bewerten, da Sie in der Regel kein Experte sind, und nicht über die entsprechenden Fachkenntnisse verfügen.

Achten Sie daher einfach auf Ihr Gefühl, denn das hat oft Recht. Um Ihren Eindruck jedoch etwas objektiver zu machen, können Sie nach der ersten oder zweiten Sitzung diesen »Therapeutentest« machen. Natürlich sind Menschen – und auch Therapeuten sind Menschen! – nicht messbar. Aber er hilft Ihnen, Ihren Therapeuten etwas besser einzuschätzen.

Der richtige Therapeut

	JA	TEILS, TEILS	NEIN
Der Therapeut war mir sympathisch.	0	1	2
Der Therapeut hat mir den Eindruck vermittelt, dass ich nicht normal bin.	2	1	0
Ich konnte ausführlich über meine Schwierigkeiten sprechen.	0	1	3
Der Therapeut hat mir erklärt, wie er vorgehen wird.	0	1	3
Wenn ich direkte Fragen gestellt habe, hat der Therapeut oft gefragt, wie ich das meine.	3	1	0
Ich habe eigentlich mehr zugehört als erzählt.	3	1	0
Der Therapeut hat manchmal auch ärgerlich reagiert, wenn ich nicht seiner Meinung war.	4	3	0
Der Therapeut hat verstanden, um was es mir ging.	0	2	3
Die Sitzung begann zu spät und hörte zu früh auf.	2	1	0
Der Therapeut hat mir vermittelt, dass er daran interessiert ist, dass es mir besser geht.	0	1	3
Ich hatte das Gefühl, gut aufgehoben zu sein.	0	2	4
Nach der Sitzung habe ich mich hoffnungsvoller gefühlt.	0	1	2

Auswertung

Zählen Sie alle Punkte zusammen. Bei einer Punktzahl unter 7 haben Sie vermutlich den für Sie richtigen Therapeuten gefunden.

Therapeutenwechsel?

Insbesondere während der fünf ersten Sitzungen ist es überhaupt kein Problem, den Therapeuten zu wechseln. Aber auch, wenn Sie bereits Wochen oder Monate bei einem Therapeuten sind, haben Sie selbstverständlich das Recht, die Behandlung abzubrechen.

Manchen Klienten fällt es sehr schwer, ihrem Therapeuten offen zu sagen, dass sie nicht bei ihm weitermachen wollen. Lassen Sie sich aber dadurch auf keinen Fall dazu hinreißen, bei einem Therapeuten zu bleiben, obwohl Sie sich unwohl fühlen! Es geht einzig und allein um Ihr Leben. Der Therapeut wird in der Regel auch nicht ärgerlich sein, wenn Sie die Therapie nicht fortsetzen wollen – falls doch, spricht auch das eher noch dafür, den Therapeuten zu wechseln.

Therapeutenwechsel als Fluchtstrategie

Wenn Sie bereits mehrere Therapeuten oder Therapien ausprobiert haben und merken, dass Sie bei Unstimmigkeiten sehr schnell bereit sind zu wechseln, wäre allerdings zu überlegen, ob der Therapeutenwechsel nicht eine Art Flucht ist. Manchmal jagen wir Idealen hinterher, die nicht realistisch sind.

Machen Sie den Therapeutentest für die verschiedenen Therapeuten, die Sie kennen – und bleiben Sie bei demjenigen, dessen Test am besten ausfällt. Vielleicht versteht er Sie nicht völlig, vielleicht funktioniert auch nicht alles, was er Ihnen vorschlägt oder es geht Ihnen nicht schnell genug voran. Aber zumindest versteht er Sie und Ihre Angst teilweise, manche seiner Vorschläge helfen und es geht allmählich voran. Und das bringt Sie letztlich weiter, als ständig dem Ideal des perfekten Therapeuten nachzujagen.

Behandlung in einer psychosomatischen Klinik

Manchmal ist es notwendig, das »normale« Umfeld zu verlassen, um eine neue Perspektive zu gewinnen. Wenn beispielsweise der Stress in der Familie oder am Arbeitsplatz die Angststörung fördert und aufrecht erhält, ist es sinnvoller, die Therapie nicht ambulant bei einem Therapeuten, sondern in einer psychosomatischen Klinik durchzuführen. Dazu müssen Sie, wenn Sie gesetzlich versichert sind, mit einem Arzt Ihres Vertrauens sprechen, der dann einen Antrag für die Krankenkasse schreibt. Adressen, bei denen Sie sich nach Kliniken erkundigen können, finden Sie im Anhang.

Die verhaltenstherapeutische Intensiv-Therapie

In den Instituten der Christoph-Dornier-Stiftung (in Berlin, an den Universitäten Braunschweig, Düsseldorf, Marburg, Köln und Münster) haben Sie die Möglichkeit, Ihre Angststörung durch eine zwei- bis dreiwöchige, individuelle und intensive Einzeltherapie behandeln zu lassen. In dieser Konfrontationstherapie setzen Sie sich in Begleitung Ihres Bezugstherapeuten wiederholt genau den alltäglichen Situationen aus, die Sie am meisten fürchten und denen Sie ohne professionelle Hilfe ausweichen würden. So können Sie wiederholt die konkrete und korrigierende Erfahrung machen, dass das Angsterleben nicht zur Katastrophe führt. Durch dieses Umlernen kann Ihr Körper erfahren, dass die Situation ungefährlich ist und dass er nicht mehr mit dem

Angstprogramm reagieren muss. Natürlich setzt dieser komplexe Umlernprozess die Anleitung durch erfahrene Therapeuten voraus – und eine starke Eigenmotivation, der Angst die Stirn bieten zu wollen.

Die inhaltlichen Schwerpunkte der Therapie, Dauer, Dichte und die konkreten therapeutischen Maßnahmen werden genau auf Ihre individuelle Problematik abgestimmt. Generell besteht jede Angstbehandlung in der Christoph-Dornier-Stiftung aus fünf Schritten:

- Erstgespräch
- ausführliche Diagnostik
- kognitive Vorbereitung auf die Therapie (Ihr persönliches Erklärungs- und Entstehungsmodell der Angst, Ihr Teufelskreis der Angst, Vorstellen des Therapieplans)
- zwei bis drei Wochen Intensivtherapie
- Selbstkontrollphase

Der effektivste Weg, frei von Angst zu werden

Etwa 80 Prozent der Klienten konnten bei dieser Therapie ihre Angstproblematik erfolgreich und dauerhaft bewältigen. Damit ist diese Therapieform bei Ängsten der effektivste und schnellste Weg, Ihre Angst in den Griff zu bekommen.

Die Therapie in der Christoph-Dornier-Stiftung ist grundsätzlich für alle Menschen mit Angstanfällen geeignet. Dies gilt auch dann, wenn die Symptomatik bereits sehr lange besteht.

Die Krankenkassen sind nicht verpflichtet, die entstehenden Behandlungskosten zu erstatten. Es empfiehlt sich daher, vor Beginn einer solchen Therapie mit Ihrer Kasse zu sprechen (private Krankenkassen übernehmen auf Antrag häufig die Kosten). In der Regel ist die Behandlung jedoch selbst zu zahlen. Die durchschnittlichen Behandlungskosten liegen nach unseren Erfahrungen zwischen etwa 2.000 (Kurzzeittherapie) und 3.500 Euro (Langzeittherapie).

TIPP

Mit dem Computer gegen die Flugangst

→ Vor einigen Jahren wurde eine geniale Methode entwickelt, die Vorteile der Konfrontationstherapie bei Flugangst zu nutzen, ohne ihre Nachteile in Kauf nehmen zu müssen. Dazu wurden Computerprogramme entwickelt, bei denen die gesamte Flugsituation – vom Packen der Koffer über das Einchecken am Flughafen, den Start und verschiedene bedrohlich erscheinende Situationen (Gewitter) bis zur Landung – realitätsnah geübt werden kann. Der Teilnehmer hört, fühlt und sieht dabei alles wie in der realen Situation – wie in einem realen Flugzeug. Die Motorgeräusche, das Vibrieren des Flugzeugs, die Stimmen der Flugzeugcrew, das Wetter (verschiedenste Situationen sind einstellbar) – und er erlebt seine Angst mit all ihren Auswirkungen: beschleunigter Herzschlag, Atemnot, Schweißausbrüche, Muskelverspannung und Panik. Die Vorteile: Der größte Vorteil besteht darin, dass ein gestuftes Vorgehen möglich ist und der Klient nicht durch eine Situation, in der er völlig hilflos ist, überfordert wird. Außerdem sind der Zeitaufwand und die Kosten geringer, ein Abbruch (bei Krisensituationen) ist jederzeit möglich und die Vertraulichkeit bleibt gewahrt, da die »virtuell reale Expositionstherapie (VRET)« in der Praxis durchgeführt wird. Die Nachteile: Der Therapeut benötigt teure Hard- und Software, und es gibt in Deutschland bisher nur wenige Therapeuten, die diese Methode einsetzen. Die VRET-Programme gibt es mittlerweile auch für andere Ängste, allerdings leider (noch) kaum oder gar nicht in Deutschland.

6

»Knigge« für den Umgang mit Angstopfern

→ Vielleicht leiden Sie nicht selbst unter Angst, sondern Ihr Partner, ein Freund oder ein Angehöriger. Auch das ist nicht immer leicht. Sie haben einerseits Mitleid und wollen helfen, andererseits sind Sie aber auch genervt. Wir wollen Ihnen in diesem Abschnitt ein paar Tipps geben, was Sie tun können, um zu unterstützen – aber auch was Sie besser lassen sollten.

Echtes Verständnis ist wichtig

Wenn Sie nicht selbst von Angst oder Panikattacken betroffen sind, können Sie in der Regel kaum verstehen, wie sich ein Betroffener wirklich fühlt. Selbst Menschen, die schon einmal eine Angststörung durchlebt haben, neigen dazu, die Intensität der Gefühle in der Erinnerung ein wenig herunterzuspielen. Das ist verständlich und auch sinnvoll – denn würden wir alle belastenden und unangenehmen Zeiten unseres Lebens ständig vor Augen haben, fiele es uns wohl nicht leicht, unbeschwert durchs Leben zu gehen.

Doch obwohl Sie die Gefühle des Anderen nicht fühlen (glücklicherweise!), so können Sie sich doch zumindest in ihn hineindenken und damit nachempfinden, wie sich der Andere wohl fühlt. Das hat auch den unschätzbaren Vorteil, dass Sie dann nicht nur mitleiden, sondern mithelfen können. Mitleid allein hilft den Betroffenen nämlich überhaupt nicht. Sie wollen ihre Angst nicht bestätigt sehen, sondern erfahren, dass es einen Weg aus der Angst gibt und dass sie von ihrer Umwelt verstanden werden!

Verstehen heißt zunächst, zu wissen, dass die Angst für den Betroffenen sehr real ist, dass sie kein Scheinproblem ist und dass er sich all die klugen Ratschläge, die einem zum Thema Angst spontan in den Kopf kommen, schon selbst hundertmal vorgesagt hat. Verstehen heißt auch, keine laienpsychologischen Erklärungen zu liefern, die keine echten Wege aus der Angst aufzeigen, sondern sich lediglich auf Wortspielereien beschränken.

So nicht!

Folgende, sicherlich gut gemeinte Sprüche, die Menschen mit Angst oder Panikattacken immer wieder zu hören bekommen, verstärken eher die Angst. In ihnen kommt nämlich zum Ausdruck, dass die Betroffenen nicht ernst genommen und nicht verstanden werden:

- »IST DOCH NICHT SO SCHLIMM ...«: Für denjenigen, der die Angst hat, stimmt das einfach nicht. Für ihn ist die Angst schlimm! Besser: »Das muss schlimm sein, wenn die Angst so stark ist. Wahrscheinlich kann ich es nicht ganz nachvollziehen, wie schwer das für dich ist. Ich habe aber gelesen, dass man gegen Angst etwas tun kann und dass sie mit einer Verhaltenstherapie eigentlich immer überwunden werden kann.«
- »DAS WIRD SCHON WIEDER!«: Bei Angststörungen trifft das leider in der Regel nicht zu. Ängste neigen eher dazu sich auszuweiten. Wenn man beginnt, etwas gegen die Angst zu unternehmen – dann wird es tatsächlich wieder ein Leben ohne Angst geben. Besser wäre zum Beispiel: »Diese Angst ist ein Teufelskreis. Ich glaube, du solltest etwas unternehmen, um diesen Teufelskreis zu durchbrechen. Wenn du magst, helfe ich dir dabei, eine Therapie zu finden.«
- »REISS DICH DOCH MAL ZUSAMMEN!«: Das ist für den Betroffenen wie ein Schlag ins Gesicht. Als ob er nicht versucht hätte »sich zusammenzureißen«! Der »Ratgeber« zeigt, dass er kein Verständnis und keine Geduld für den Betroffenen aufbringen kann. Streichen Sie solche Sätze ersatzlos aus Ihrem Vokabular. Es ist verständlich, dass Sie überfordert und genervt sind, aber lassen Sie dies nicht an jemandem aus, dem es nicht gut geht.
- »WENN DU DICH NICHT GUT FÜHLST, DANN TRINK DOCH ERST MAL EINEN.«: Von diesem Rat möchten wir ausdrücklich abraten. Alkohol kann manchmal die Angst unterdrücken. Wenn dies der Fall ist, wird der Betroffene Alkohol jedoch als »Heilmittel« gegen

die Angst einsetzen. Die Flucht durch Betäubung ist aber sicherlich nicht das Ziel, um das es dem Betroffenen wirklich geht. Besser wäre, wenn Sie Ihrem Gegenüber klarmachen, dass Betäubungsstrategien absolut nichts helfen. Beispielsweise: »Ich kann mir schon vorstellen, dass du dich erstmal besser fühlst, wenn du ein paar Bierchen/Tabletten/Naturheilmittel nimmst. Ich kann mir aber nicht vorstellen, dass das auf Dauer wirklich hilft. Lass uns doch einmal überlegen, was man Sinnvolleres tun könnte.«

Wenn Sie die Angst ernst nehmen, heißt das nicht, dass Sie sie bestätigen – beispielsweise indem Sie die Vermeidung oder die Flucht vor der Angst unterstützen. Ganz im Gegenteil: Wenn der Betroffene aus der Angstsituation flüchten will, können Sie ihn dazu ermutigen, die Angst auszuhalten, indem Sie beispielsweise sagen: »Ich glaube dir, dass du dich gerade schrecklich fühlst. Doch wenn du flüchtest, bleibt die Angst. Möchtest du nicht vielleicht doch versuchen, es auszuhalten? Ich bin bei dir. Wäre es nicht toll, wenn du es jetzt schaffen würdest? Komm, lass es uns probieren!«

Trotzdem müssen Sie sich immer auch darüber im Klaren sein, dass Sie nicht der Therapeut Ihres Partners sind. Sie sollten in der Lage sein, sich bis zu einem gewissen Grad abzugrenzen. Sagen Sie das auch deutlich, ohne abweisend oder verletzend zu sein, zum Beispiel so: »Ich weiß, dass deine Angst wirklich ein Problem ist. Ich möchte dir auch gern helfen, aber ich bin kein Psychologe und weiß nicht, ob ich das Richtige mache. Es ist ja auch nicht sinnvoll, dass du von mir abhängig bist! Aber vielleicht können wir gemeinsam einen Therapeuten finden, der dir wirklich helfen kann.«

Sie können Ihren Partner unterstützen, solange Sie sich dabei gut fühlen – aber Sie können sein Problem nicht lösen. Das ist auch für Ihren Partner wichtig: Er soll ja aus der Opfer-Rolle heraus, anstatt darin bestätigt zu werden!

Wie Sie sinnvoll helfen können

- **HÖREN SIE EINFACH ZU!** Sie nehmen einem Betroffenen schon ein wenig von der Angst, wenn Sie ihm die Möglichkeit geben, sich bei Ihnen auszusprechen. Versuchen Sie dem natürlichen Drang zu widerstehen, sofort Ratschläge und Tipps zu geben. In der Regel will der Betroffene einfach nur reden. Lehnen Sie sich zurück und hören Sie zu.
- **INFORMIEREN SIE SICH!** Nur wenn Sie wissen, was Angst und Panikattacken wirklich sind, haben Sie die Möglichkeit, die Sichtweise und das Erleben des Betroffenen zu verstehen. Und erst dann können Sie sich emotional und gedanklich ein wenig in ihn hineinversetzen.
- **ÜBERLEGEN SIE GUT UND LANGE, WAS SIE SAGEN.** Der Betroffene erwartet von Ihnen nicht wirklich, dass Sie sein Problem lösen; er hat dann – meist zu Recht – den Eindruck, dass Sie nicht wissen, wovon Sie da reden. Natürlich können Sie auch nach einer Weile des Nachdenkens etwas Falsches sagen; doch das ist dann nicht so tragisch: Immerhin wird deutlich, dass Sie nachgedacht haben.
- **HABEN SIE GEDULD.** Immer wieder wird der Betroffene seine Befürchtungen wiederholen. Doch mit Logik oder aggressivem Hinweisen auf das inadäquate Verhalten machen Sie jeden positiven Ansatz zunichte. Bleiben Sie geduldig und versuchen Sie zu verstehen.
- **JAMMERN SIE NICHT MIT, MACHEN SIE MUT!** Versuchen Sie, Klagen und mutlose Phasen ernst zu nehmen, aber nicht in sie einzusteigen. Jammern Sie nicht mit – so verstärken Sie nur die Angst. Nehmen Sie aber auch beim Mutmachen die Angst des Betroffenen ernst. Phrasen wie »Du schaffst das schon!« sind nur gut, wenn Sie das wirklich glauben und das auch zu verstehen geben. Besser wäre: »Ich kenne dich doch ganz gut und bin mir sicher, dass du es schaffst, wenn du das Problem richtig angehst. Mit einem Therapeuten, der dich dabei unterstützt, schaffst du es sicher! Ich habe gelesen, dass mit der richtigen Therapie jede Angst überwunden werden kann.«

Unterstützen durch aktive Mithilfe

Wenn Sie die Selbsthilfe noch weiter aktiv unterstützen wollen, gibt es ein paar Punkte, auf die Sie besonders achten sollten.

→ **FÖRDERN SIE SELBSTSTÄNDIGKEIT!** Nehmen Sie dem Betroffenen nicht die Verantwortung für sein Leben ab. Ermutigen Sie ihn, seine Angstsituationen aufzusuchen – und unterstützen Sie aktives Handeln. Drücken Sie Ihre Anerkennung aus, wenn der Betroffene einen Schritt (auch wenn es nur ein ganz kleiner ist) gegen seine Angst unternommen hat. Geben Sie ihm gegebenenfalls ruhig auch mal einen kleinen, liebevollen Schubs. »Komm, versuch es. Ich weiß, dass dir das nicht leicht fällt – aber gerade deshalb! Wenn du es schaffst, dann habe ich auch eine Überraschung für dich …« Das hilft manchem, sich doch noch zu überwinden.

→ **NEHMEN SIE SICH ZEIT!** Eine Angst loszuwerden, braucht ein wenig Zeit. Sie können helfen, indem Sie den Betroffenen dabei unterstützen, eine Angstsituation – zum Beispiel im Fahrstuhl oder auf einer Aussichtsplattform – durchzustehen. Sollte ihm dies nicht möglich sein, begleiten Sie ihn kurz in eine für ihn sichere Situation, bevor Sie es noch einmal probieren. Sprechen Sie vorher Notfallstrategien (was Sie tun sollen, wenn eine Panikattacke auftritt) ab.

→ **HELFEN SIE BEI SCHWIERIGEN ÜBUNGEN!** Wenn Ihr Partner oder Ihr Freund Sie bittet, eine besonders schwierige Übung mit ihm gemeinsam durchzuführen, lassen Sie sich darauf ein. Besprechen Sie vorab genau, wie Sie sich während der Übung verhalten sollen. Die Vereinbarung sollte jedoch auf keinen Fall Zwang beinhalten! Zwingen Sie Ihren Partner nicht, sich seiner Angst zu stellen. Die Entscheidung dazu muss von ihm selbst kommen.

→ **HALTEN SIE SICH NICHT MIT LOB ZURÜCK!** Passen Sie sich dem Übungstempo und der Schrittfolge Ihres Partners an und bestärken Sie ihn in jedem Versuch, seine Angst zu bewältigen. Loben Sie auch kleinste Fortschritte – aber bitte differenziert! Wenn Sie Stillstand, kleine und große Fortschritte gleichermaßen loben, geht die Motivation verloren. Geben Sie positive, aber dennoch realistische Rückmeldungen. Schon ein anerkennendes Nicken kann ein kleines Lob sein. Einen etwas größeren Schritt sollten Sie ausdrücklich loben: »Das ist ja klasse, dass du das geschafft hast!« Und natürlich können Sie das noch weiter steigern …

Versuchen Sie nicht, perfekt zu sein

Machen Sie sich nicht verantwortlich dafür, wenn Sie gegen eine der oben genannten »Regeln« verstoßen haben – oder wenn der Betroffene auch mit Ihrer Unterstützung nicht so schnell vorankommt, wie er es sich wünscht. Machen Sie sich eines ganz klar: Rückfälle und Fehler sind nicht schlimm! Sie gehören zu einer erfolgreichen Angstbewältigung.

Überlegen Sie gemeinsam, was die Ursachen dafür sein könnten, dass eine Übung oder eine Situation nicht wie gewünscht verlaufen ist. Überlegen Sie, was Sie nächstes Mal besser machen könnten, und ermutigen Sie Ihren Partner weiterzumachen.

Übernehmen Sie nicht die Therapeutenrolle

Ihr Partner ist Ihr Partner, nicht Ihr Klient. Zwar werden Sie das Bedürfnis haben, zu helfen, und Ihr Partner wird ein wenig Unterstützung von Ihnen auch gut brauchen können – aber lassen Sie sich von

Ihrem Partner, Freunden, Verwandten oder Ihrem Anspruch, alles für Ihren Partner tun zu wollen oder zu müssen, nicht in die Rolle des Therapeuten drängen. Das würde nicht einmal dann funktionieren, wenn Sie wirklich Therapeut wären!

Abgrenzung ist wichtig

Es ist wichtig für Sie, sich abzugrenzen – auch um überhaupt eine wirkliche Unterstützung für Ihren Partner zu sein. Und es ist wichtig für Ihren Partner, dass er erfährt, selbst verantwortlich zu handeln und selbst seine Probleme lösen zu können – und sei es, selbst zu entscheiden, einen Therapeuten aufzusuchen.

> Das **Leben** kann nur in der Schau nach **rückwärts** verstanden, aber nur in der Schau nach **vorwärts** **gelebt** werden.
>
> [Sören Kierkegaard | *dänischer Philosoph*]

6

Bücher & Adressen, die weiterhelfen

Bücher

Backhaus, Jutta/Riemann, Dieter: *Schlafstörungen bewältigen. Informationen und Anleitung zur Selbsthilfe.* PVU Verlag

DuBois, Reinmar: *Kinderängste.* C.H. Beck

Hainbuch, Friedrich: *Muskelentspannung nach Jacobson (mit Audio-CD).* Gräfe und Unzer Verlag

Hoffmann, Nicolas: *Wenn Zwänge das Leben einengen.* PAL Verlag

Jeffers, Susan: *Selbstvertrauen gewinnen.* Kösel

Klein, Stefan: *Die Glücksformel oder Wie die guten Gefühle entstehen.* Rowohlt

Kuntze, Marcus F./Bullinger, Alex H.: *Höhenangst und andere spezifische Phobien.* Verlag Hans Huber

Lindenmeyer, Johannes: *Lieber schlau als blau. Informationen zur Entstehung und Behandlung von Alkohol- und Medikamentenabhängigkeit.* Psychologie Verlags Union

Riemann, Fritz: *Grundformen der Angst.* Reinhardt

Schröder, Brigitte: *Der Weg durch die Angst.* Rowohlt

Schwarz, Aljoscha A./Schweppe, Ronald P.: *Das NLP-Praxisbuch.* Südwest Verlag

Schwarz, Aljoscha A./Schweppe, Ronald P.: *Der Träumer, der Weise, das innere Kind. Personale Integration – die Vielfalt der Persönlichkeit entdecken.* Kösel

Schwarz, Aljoscha A.: *Loslassen und Leben.* Urania

Schwarz, Aljoscha A.: *Spring über den Horizont. 77 philosophische Spiele für Herz und Verstand.* Kreuz Verlag

Seneca: *Von der Seelenruhe.* Insel

Stavemann, Harlich H.: *Emotionale Turbulenzen.* Psychologie Verlags Union

Watzlawick, Paul: *Anleitung zum Unglücklichsein.* Piper

Wittchen, Hans-Ulrich/Bloch, E.; Garczynski, E.: *Wege aus der sozialen Phobie.* Roche Pharma

Wittchen, H.-U./Möller, H.J./Vossen, A./Hautzinger, M./Kasper, S./Henser, I.: *Hexal-Ratgeber Depression. Wege aus der Krankheit.* Karger Verlag

Wolf, Doris/Merkle, Rolf: *Gefühle verstehen, Probleme bewältigen. Ein praktischer Ratgeber zur Bewältigung von Ängsten, Unsicherheiten, Minderwertigkeits- und Schuldgefühlen, Eifersucht, depressiven Verstimmungen.* PAL Verlag

Adressen

Angst-Selbsthilfe-organisationen
Bundesverband der Angehörigen psychisch Kranker
Thomas-Mann-Straße 49a
53111 Bonn
Tel. (0228) 632646

DASH – Deutsche Angst-Störungen-Hilfe und -Selbsthilfe
MASH – Münchner Angst-Selbsthilfe
Projekte der Angst-Hilfe e.V. München
Bayerstraße 77a
80335 München
DASH: (089) 515553-15
MASH: (089) 515553-0
überregional:
(02131) 463847
(Mo 10–12 u. Do 16–18 Uhr)

Emotions Anonymous
Interessengemeinschaft Selbsthilfegruppen für emotionale Gesundheit (EA)
Katzbachstraße 33
10965 Berlin
Tel. (030) 7867984

NAKOS
Nationale Kontakt- und Informationsstelle für Selbsthilfegruppen
Carl-Mosters-Platz 4
40477 Düsseldorf
Tel. (0211) 482363

SEKIS
Selbsthilfe Kontakt- und Informationsstelle
Albrecht-Achilles-Straße 65
10709 Berlin
Tel. (030) 8926602

Adressen von örtlichen Selbsthilfegruppen erhalten Sie auch von Ihrer Krankenkasse, dem sozialpsychiatrischen Dienst oder dem Krisendienst Ihres Wohnorts.

Telefon-Seelsorge
(0800) 111111 (evangelisch)
(0800) 111222 (katholisch)
Manchmal ist es wichtig, einfach nur mit jemandem zu sprechen. Gerade wenn Sie ein religiöser Mensch sind, finden Sie einen Ansprechpartner bei der (kostenlosen) Telefonseelsorge.

Anlaufstellen für die Suche nach Verhaltenstherapeuten
Christoph-Dornier-Stiftung für Klinische Psychologie
Zentrale
Salzstraße 52
48143 Münster
Tel. (0251) 4183440
E-Mail: muenster@christoph-dornier-stiftung.de
Die Christoph-Dornier-Stiftung für Klinische Psychologie unterhält Ambulanzen in Anbindung an die jeweilige Universität, an denen vorrangig auf dem Gebiet der Angststörungen geforscht wird, aber auch Angstpatienten behandelt werden. Die Ambulanzen befinden sich in Berlin, Bielefeld, Braunschweig, Düsseldorf, Köln, Marburg und Münster.

Koordinationsstellen für Psychotherapie der Bezirksstellen der Kassenärztlichen Vereinigungen
KVB-Bezirksstelle Oberbayern
Tel. (089) 57093135
Die kassenärztlichen Vereinigungen geben allgemeine Auskünfte zu Psychotherapie, können Ihnen sagen, was von der Kasse bezahlt wird, können den ersten Kontakt zu einem Therapeuten für die diagnostische Abklärung herstellen, Adressen von psychologischen und ärztlichen Psychotherapeuten für Kinder, Jugendliche und Erwachsene nennen und freie Therapieplätze vermitteln. Die Beratung ist vertraulich, auf dem aktuellsten Stand und kostenlos.

PID (Psychotherapie-Informations-Dienst)
Oberer Lindweg 2
53129 Bonn
Beratungstelefon (0228) 746699 (Mo, Di, Do, Fr 09.00–12.00 Uhr und Mo, Do 13.00–16.00 Uhr)
Der PID vermittelt Diplom-PsychologInnen, die die Berufsordnung für Psychologen anerkennen und die gesetz-

lichen Grundlagen zur Ausübung der Heilkunde erfüllen. Alle an PID Teilnehmenden haben ihre fachliche Qualifikation für die von ihnen angebotenen speziellen Therapien anhand eines ausführlichen Fragebogens dokumentiert und zugesichert.

ÖBVP (Österreichischer Bundesverband für Psychotherapie)
1030 Wien, Löwengasse 3/5/6
Tel. +0043 (1) 5127090
E-Mail: oebvp@psychotherapie
Homepage: www.oebvp.at
Hier können Sie Adressen und Informationen erhalten, wenn Sie in Österreich leben.

FSP (Föderation der Schweizer Psychologinnen und Psychologen)
Choisystraße 11
Postfach
3000 Bern 14
Telefon +0041 (31) 388 8800
E-Mail: fsp@psychologie.ch
Homepage:
www.psychologie.ch
Hier können Sie Adressen und Informationen erhalten, wenn Sie in der Schweiz leben.

Links

www.angstselbsthilfe.de
Die umfangreichste Webseite zum Thema Angstselbsthilfe.

www.christoph-dornier-stiftung.de
Informationen und Erlebnisberichte über kognitive Verhaltenstherapie mit massierter Konfrontation.

www.netdoktor.de
Gesundheitsplattform, die laienverständliche Informationen zu allen Gesundheitsthemen, darunter auch Angststörungen, bietet.

www.psychotherapiesuche.de
Die Webseite des Psychotherapie-Informations-Dienstes (PID)

www.epsy.de
Psychiatrie und Psychologie im Internet. Eine sehr umfangreiche Plattform. Dort finden Sie auch Klinikadressen.

www.oebvp.at
ÖBVP (Österreichischer Bundesverband für Psychotherapie)

www.psychologie.ch
FSP (Föderation der Schweizer Psychologinnen und Psychologen)

Autorenkontakt

Ines von Witzleben
Psychotherapeutische Praxis
Thaerstraße 40
10249 Berlin
Telefon (030) 5364024
E-Mail: von_witzleben@t-online.de

Aljoscha A. Schwarz
Institut für Personale Integration
Blütenstraße 8
80799 München
Telefon (089) 2723993
E-Mail:
Aljoscha.Schwarz@email.de
Homepage:
www.schwarz-schweppe.de

Quellennachweis

Hoyer, Jürgen; Margraf, Jürgen: *Angstdiagnostik*. Springer

Morschitzky, Hans: *Angststörungen. Diagnostik, Konzepte, Therapie, Selbsthilfe*. Springer

Morschitzky, Hans: *Somatoforme Störungen. Diagnostik, Konzepte und Therapie bei Körpersymptomen ohne Organbefund*. Springer

Rachman, Stanley: Angst. *Diagnose, Klassifikation und Therapie*. Verlag Hans Huber

Saigh, Philip A. (Hrsg.): *Posttraumatische Belastungsstörung. Diagnose und Behandlung psychischer Störungen bei Opfern von Gewalttaten und Katastrophen*. Verlag Hans Huber

Wittchen, Hans-Ulrich; Jacobi, Frank: *Angststörungen. Gesundheitsberichterstattung des Bundes. Heft 21*. Robert Koch-Institut

Register

Impressum

Programmleitung
Ulrich Ehrlenspiel
Redaktion
Ina Raki
Lektorat
Andreas Kobschätzky
Layout
independent Medien-Design
Herstellung
Susanne Mühldorfer
Satz
Uhl + Massopust, Aalen
Repro
Fotolitho Longo, Bozen
Druck und Bindung
Druckhaus Kaufmann, Lahr

Umwelthinweis
Dieses Buch wurde auf chlorfrei gebleichtem Papier gedruckt. Um Rohstoffe zu sparen, haben wir auf Folienverpackung verzichtet.

ISBN 3-7742-6636-0

Auflage 5. 4. 3. 2. 1.
Jahr 08 07 06 05 04

Wichtiger Hinweis

Die Gedanken, Methoden und Anregungen in diesem Buch stellen die Erfahrung bzw. Meinung der Verfasser dar. Sie wurden von den Autoren nach bestem Wissen erstellt und mit größtmöglicher Sorgfalt geprüft. Dennoch können nur Sie selbst entscheiden, ob die hier geäußerten Vorschläge und Ansichten auf Ihre eigene Lebenssituation übertragbar und für Sie passend und hilfreich sind. Weder Autoren noch Verlag können für eventuelle Nachteile oder Schäden, die aus den im Buch gegebenen praktischen Hinweisen resultieren, eine Haftung übernehmen.

DAS ORIGINAL · MIT GARANTIE · GU

Das Original mit Garantie

Ihre Meinung ist uns wichtig.

Deshalb möchten wir Ihre Kritik, gerne aber auch Ihr Lob erfahren. Um als führender Ratgeberverlag für Sie noch besser zu werden. Darum: Schreiben Sie uns! Wir freuen uns auf Ihre Post und wünschen Ihnen viel Spaß mit Ihrem GU-Ratgeber.

Unsere Garantie: Sollte ein GU-Ratgeber einmal einen Fehler enthalten, schicken Sie uns das Buch mit einem kleinen Hinweis und der Quittung innerhalb von sechs Monaten nach dem Kauf zurück. Wir tauschen Ihnen den GU-Ratgeber gegen einen anderen zum gleichen oder einem ähnlichen Thema um.

GRÄFE UND UNZER VERLAG
Redaktion Körper & Seele
Postfach 86 03 25
81630 München
Fax: 089/41981-113
E-Mail: leserservice@graefe-und-unzer.de

GRÄFE UND UNZER

Ein Unternehmen der
GANSKE VERLAGSGRUPPE